# 行政单位会计

索晓辉◎编著

中国宇航出版社
·北京·

图书在版编目(CIP)数据

行政单位会计 / 索晓辉编著．-- 北京：中国宇航出版社，2012.9

ISBN 978-7-5159-0288-3

Ⅰ.①行… Ⅱ.①索… Ⅲ.①单位预算会计 Ⅳ.①F810.6

中国版本图书馆 CIP 数据核字(2012)第 216677 号

| | | | |
|---|---|---|---|
| 策划编辑 | 董 琳 | 封面设计 | 文道思 |
| 责任编辑 | 李书梅 | 责任校对 | 李 立 |

| | | | |
|---|---|---|---|
| 出版发行 | 中国宇航出版社 | | |
| 社 址 | 北京市阜成路 8 号 | 邮 编 | 100830 |
| | (010)68768548 | | |
| 网 址 | www.caphbook.com | | |
| 经 销 | 新华书店 | | |
| 发行部 | (010)68371900 | | (010)88530478(传真) |
| | (010)68768541 | | (010)68767294(传真) |
| 零售店 | 读者服务部 | | 北京宇航文苑 |
| | (010)68371105 | | (010)62529336 |
| 承 印 | 三河市君旺印装厂 | | |
| 版 次 | 2012 年 9 月第 1 版 | | 2012 年 9 月第 1 次印刷 |
| 规 格 | 787×960 | 开 本 | 1/16 |
| 印 张 | 10.5 | 字 数 | 194 千字 |
| 书 号 | ISBN 978-7-5159-0288-3 | | |
| 定 价 | 29.00 元 | | |

本书如有印装质量问题，可与发行部联系调换

# 前言
PREFACE

随着我国经济的快速发展，行政单位在管理活动和经济活动中扮演的角色逐渐发生变化，行政单位会计的职能也随之拓宽和发展。况且，行政单位在我国一直处于特殊地位，其会计处理不同于一般的企业会计，因此行政单位会计人员素质的提升成为迫切需要解决的问题。在相当长的一段时间里，行政单位的会计实务在大家的眼中都是犹抱琵琶半遮面的神秘形象。其实，行政单位的会计实务比起企业的会计实务要简单许多。那么您准备好与我们一起探索行政单位会计处理的“秘密”了吗？

如果您是身处象牙塔，期待未来从事行政单位会计岗位的学生；

如果您是不满现状，对于行政单位的会计岗位心生向往的在职人员；

如果您是想快速提升自己业务能力的在岗人员；

那么，这本书将成为您最好的帮手。

本书最大的特色在于突出了行政单位会计核算的特点，结合行政单位业务的特性来介绍会计核算的内容和方法。本书聚焦实务中经常出现的会计科目和会计业务，不仅对其加以详细阐述，并辅助以具体例子加深理解。对于以后工作中出现的常规问题您几乎都能在本书中得到解答。

本书语言通俗易懂，极力避免晦涩难懂的术语，深入浅出地为读者梳理专业知识。此外，本书采用大量图文表格，辅佐鲜活的实务举例，助您轻松理解，加深记忆。

本书的编写严格遵循行政单位有关会计制度的规定，采用了最新的会计业务处理方法，充分反映了行政单位会计处理变革和发展的新成果。通过对本书的学习，相信您一定会对行政单位的会计实务有一个全面、深入的了解。

我们在本书的编写过程中付出了百分之百的辛苦和努力。然而由于水平有限，时间紧迫，难免会有疏漏之处，希望大家谅解。如有疑问，请与编辑联系：010-88530006，邮件donglin9999@163.com，我们一定竭诚为您解答。

最后，对一贯支持我们的广大读者朋友和对本书的出版付出努力的朋友一并表示感谢。

作者

2012年9月

# 目录

CONTENTS

# 第一章　行政单位会计基本理论

## 全 章 纵 览

本章主要介绍行政单位会计的基础理论，通过本章相关知识的学习，应掌握以下方面的内容：

1. 行政单位的具体概念。
2. 行政单位会计的具体概念，《行政单位会计制度》的相关内容。
3. 行政单位会计核算的特点以及同企业会计核算的区别。
4. 行政单位会计核算的前提。
5. 行政单位会计核算的一般原则。
6. 会计要素的概念以及行政单位会计要素的具体内容。
7. 会计科目的概念和行政单位常用的会计科目。
8. 会计等式的概念以及它对于会计核算的作用。

## 第一节　行政单位会计概述

### 一、行政单位的含义及其构成

行政单位即国家行政机关，又称国家行政管理机关，是指进行国家行政管理，组织经济建设和文化建设，维护社会公共秩序的单位。国家行政单位的构成如图 1－1 所示。

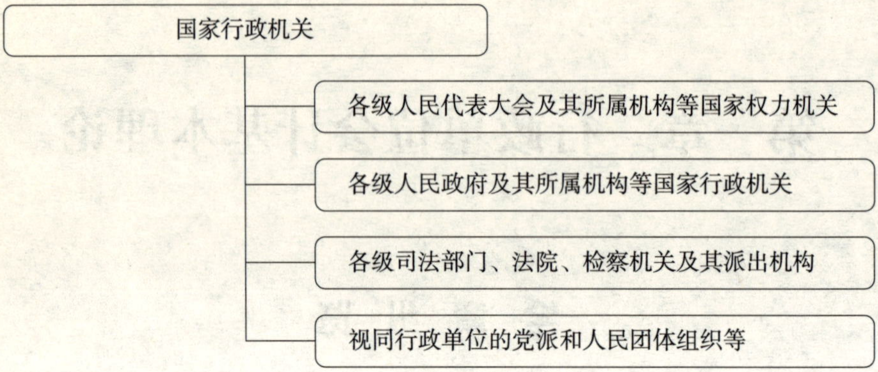


**图1－1　行政单位的构成**

## 二、行政单位会计的含义

会计是以货币为主要计量单位，运用专门的方法，对企事业单位、机关团体等的经济活动进行连续、系统、全面、综合的反映与监督，以提高经济效益的一项经济管理活动。

会计按其适用范围可分为企业会计和非企业会计。财政预算会计、行政单位会计、事业单位会计属于非企业会计，有时也被称为预算会计。

行政单位会计是以货币为主要计量单位，对政府财政资金的运动过程和结果，进行连续、系统、全面、综合的反映和监督，以加强预算、财务管理，提高资金使用效率的非营利组织会计。

我国当前的会计制度体系，如图1－2所示。

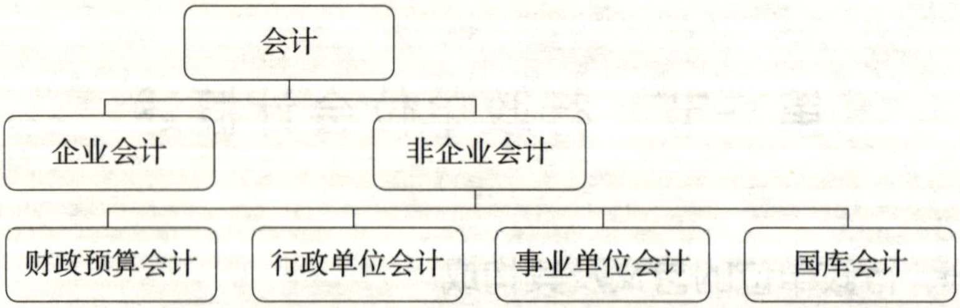


**图1－2　我国的会计制度体系**

## 三、行政单位会计制度

《行政单位会计制度》是行政单位进行会计核算的直接依据，我国当前的

《行政单位会计制度》于1998年1月1日起在全国统一实施，共11章63条，分为总则、一般原则、资产、负债、净资产、收入、支出、会计科目、年终清理结算和结账、会计报表和附则。该制度适用于我国各级行政机关和实行行政财务管理的其他机关、政党组织。其主要内容有：

（1）规定了会计核算的一般原则。

（2）规定了会计要素为资产、负债、净资产、收入和支出五大类。

（3）规定了会计要素之间的关系为“资产 + 支出 = 负债 + 净资产 + 收入”。

（4）规定了记账方法为借贷记账法。

## 四、行政单位会计的核算对象

行政单位会计的核算对象是非物质生产领域中政府财政资金的活动。由于业务活动和收支范围不同，行政单位会计的核算对象有其自身的特点，具体内容如表1－1所示。

**表1－1 行政单位会计的核算对象**

| 核算对象 | 具体内容 |
| --- | --- |
| 取得资金 | 行政单位为了执行国家机关工作任务所需要的资金，由各级政府财政部门从本级政府预算集中的资金中进行分配和拨付。各行政单位要按照核定的预算向财政部门领取资金，形成单位的资金收入 |
| 使用资金 | 资金的使用是指行政单位为了完成公务活动而发生的各项实际耗费，主要包括资金支出、专项资金支出、其他支出、拨出资金、拨出专项资金补助支出等项目的使用。取得资金后除拨付给下级单位所需资金外，还要购置行政工作所需的设备和材料物资，支付人员资金、公用资金等，形成单位的资金支出 |
| 资金使用结果 | 资金结余指行政单位在取得资金和使用资金的过程中，在保证完成公务活动的前提下，通过厉行节约，提高资金使用效益形成的结余，主要表现在当期未用的货币资金、固定资产及其他物资 |

总的来说，行政单位会计的核算对象主要是行政单位财政资金的取得、使用及其结果。收入、支出、结余以及在执行单位预算过程中形成的资产、负债、基金，就是行政单位会计反映和监督的具体内容。

# 第二节　行政单位会计的目标与特点

## 一、行政单位会计的目标

会计目标是会计活动要达到的目的和状态，目标定位的恰当性直接关系到会计系统运行的效率及其实现的可能性。会计目标影响到会计主体、会计报表体系的设计，提供信息的范围和质量规范，进而影响到会计要素确认和计量等会计政策的选择。因此，会计目标是会计的重要理论问题，许多国家把它列为会计准则理论框架的首要问题。

行政单位会计的基本目标在于，为会计信息使用者提供受托责任评价和资源分配决策的有用信息，具体内容如表1－2所示。

表1－2　行政单位会计的目标

| 具体目标 | 要求 |
| --- | --- |
| 核算财政财务收支情况，促进计划的实现，保证行政任务的完成 | 行政单位会计要利用专门的核算方法，对政府财政资金的活动情况，进行连续、全面、系统的反映，为国家预算管理和单位财务管理提供可靠的数据资料。行政单位会计的日常核算资料，是编报财政财务收支情况的依据 |
| 分析财政财务收支执行进度，合理调度资金，调节资金供需关系 | 保持资金需求与供应的协调、平衡，保持适当数量的财政库存和单位库存，是保证年度总预算和单位预算顺利执行的必要条件。由于各种收入和支出的波动性，在年度预算安排收支平衡的条件下，每个月份、季度的收入和支出，不可能都是平衡的。这就需要运用会计提供的有关资金集中、分配和结余的资料，经常地分析研究财政库存和经费存款的情况，掌握资金收入和支出的变化规律，以解决年度预算执行过程中财政资金和业务资金需求与供应之间可能出现的矛盾 |
| 检查财政财务收支计划的执行结果，实行会计监督，维护国家财经纪律 | 国家财政资金的收支，反映了财政、行政、事业等单位的活动范围和方向，反映了国家财政方针、政策的执行情况 |

行政单位会计通过其反映和监督职能对财政财务计划执行的过程、进度和结果进行核算、分析和检查，能够起到促进预算收支实现、调节资金供需平衡、保证业务方向正确的作用。因此，行政单位会计在国家财政管理和单位财务管理中占有重要的地位。

## 二、行政单位会计的特点

行政单位会计具有以下特点，如表 1－3 所示。

**表 1－3 行政单位会计的特点**

| 特点 | 解释 |
| --- | --- |
| 会计主体是行政单位 | 行政单位主要包括国家权力机关、行政机关、司法机关、检察机关以及各级政党和人民团体。行政单位业务活动的目的是为了满足社会公共需要，具有明显的非市场性 |
| 会计客体是国家预算资金的取得、使用和结果 | 行政单位会计核算监督的对象是国家预算资金取得、使用和结果所引起的经济业务活动。行政单位收支核算必须服从预算管理的要求 |
| 行政单位会计核算的基础采用收付实现制 | 一是行政单位资金的注入和流出时间与现金的收付时间基本一致，采用收付实现制更为准确，会计核算的结果与实际权利和义务发生的时间偏差不大 |
| | 二是国家预算是以当年预计的现金流入量和流出量作为编制基础的，行政单位资金收支采用收付实现制可提供与国家预算相一致的会计信息，便于反映预算的执行结果 |
| | 三是在行政单位资金的流转过程中，各方关心的是行政单位收到的资金能否满足其执行行政职能所需的支出，或资金的流入和流出是否达到平衡 |
| 行政单位不进行成本核算 | 成本是为获取收入而付出的代价。行政单位收入来源于财政无偿拨款，不需要付出代价，因此不进行成本核算。但是，应对各项支出的发生情况进行严格的考核和监督，保证国家预算资金的安全 |
| 资金的运动是单向的 | 行政单位以拨款方式从财政部门取得经费来源，不需要偿还；办理公务过程中发生的资金支出，不求资金回报，呈单向运动状态 |

## 三、行政单位会计与企业会计的比较

对于大多数会计人员而言，最早接触、最常见到的大多是企业会计，这里我们通过行政单位会计与企业会计的比较，更好地理解行政单位会计核算的特点。

企业是进行生产经营活动的经济组织，是独立的经济核算单位，从事商品生产和商品流通活动，其经营目标是牟取盈利，实现资产增值。企业在建设初期或扩大经营规模之时，由所有者投入资本金，其各项日常开支均依靠自身的生产经营收入来抵补。企业会计的主要特点是，核算费用成本、计算盈亏，会计核算以盈亏核算为中心。

行政单位属于非物质生产部门，是非营利组织，主要完成行政事业的业务工作，其业务目标在于谋求最广泛的社会效益。其资金来源除了事业单位有不同程度的业务收入以外，大都直接或间接来自纳税人及其他出资者，在此前提下力求做到收支相抵。行政单位的性质、任务、资金运动方式，以及核算的对象、任务、内容、方法均有很大的差别。行政单位会计的特点具体表现在以下几个方面。

### （一）会计核算基础主要是以收付实现制为主

收付实现制对于收入和费用是以其是否发生货币资金的收付为标准来确定其归属期的。凡是本期实际收进款项的收入和本期实际支出款项的费用，不论是否体现本期的工作成果或劳动消耗，都作为本期收支计算。收付实现制的处理同货币资金的收付紧密联系，而不考虑权利和责任是否发生。实行收付实现制，不采用预收、预付科目，也很少使用应收、应付科目，只是在某些情况下使用暂收、暂付科目。

权责发生制对于收入和费用是以其是否体现本期经营成果和生产消耗为标准来确定其归属期的。凡是体现本期经营成果的收入和本期生产消耗的支出，不论款项是否实际收入或付出，都作为本期收支计算。权责发生制的处理是同权利和责任的形成相联系的，而不考虑货币资金的收支是否发生。

对于会计核算基础的适用单位，如表1－4所示。

**表1－4　会计核算基础的适用单位**

| 会计核算基础 | 适用单位 |
|---|---|
| 收付实现制 | 财政总预算会计 |
| | 行政单位会计 |
| | 事业单位会计中的非经营业务 |

（续表）

| 会计核算基础 | 适用单位 |
| --- | --- |
| 权责发生制 | 事业单位会计中的经营业务 |
| | 部分地方预算支出中的项目支出 |
| | 企业会计 |

## （二）会计要素、会计等式与企业会计不同

我国预算会计的会计要素分为五类，即资产、负债、净资产、收入和支出。而企业会计的会计要素则是资产、负债、所有者权益、收入、费用和利润。

会计要素的不同主要是由以下三个原因引起的：一是预算会计与企业会计核算基础不同，前者以收付实现制为主，后者以权责发生制为主；二是会计主体的性质不同，预算会计的会计主体没有具体的所有者，但企业会计的会计主体有具体的所有者，即便是国有企业也有国资委作为所有者代表；三是预算会计与企业会计核算的业务性质不同，前者核算的业务主要是以非营利性业务为主，而后者核算的业务则是营利性的。

由于会计要素的不同，不同会计主体下的会计等式也是有所区别的，如表1－5所示。

**表1－5　不同会计主体下的会计等式**

| 会计主体 | 会计等式 |
| --- | --- |
| 预算会计 | 资产＋支出＝负债＋净资产＋收入 |
| 企业会计 | 资产＝负债＋所有者权益（静态） |
| | 资产＋费用＝负债＋收入＋所有者权益（动态） |

预算会计的会计等式并没有静态和动态之分，因为期末结转后，预算会计的收入支出余额不一定为零。

## （三）核算预算收支和余超，一般不进行成本核算

企业会计必须按照经济核算的原则，进行成本核算，确定企业盈亏。预算会计是核算、反映和监督预算资金运动及其结果的会计。预算资金的筹集、分配、划拨、使用基本上是无偿的。预算资金的运动方式是预算资金的收入、支出和结余或超支，一般不进行成本核算，而是从预算收支平衡的结果来考核国家预算收支执行情况及其结果，从中挖掘增加收入、节约支出的潜力，

提高预算资金的使用效果。

某些事业单位为了考核经济效益，促进增收节支，改善事业管理，也可以进行成本核算，如科研课题成本核算、医疗成本核算、人才成本核算等。但是，事业单位的成本核算同企业的成本核算相比较为复杂，主要是费用的计量和分配比较困难，有关基础工作也比较薄弱，只能逐步完善。目前，仅在少数行业的一部分单位中实行。

### （四）行政单位的资金不具有营利性、增值性，但具有限制性

企业的投资者要求投资回报和投资回收，即要求按各个投资者提供的出资额获得投资收益，并在一定条件下收回原来投入的资本。行政单位的出资者不要求投资回报和投资回收，但要求按法律规定或出资者的意愿把资金用在指定用途上，即资金运用有限制性。在这些单位中，不仅固定基金、留本基金、专用基金、拨入专项资金等具有特定的用途，而且经费拨款、事业基金等实际上也都有严格的具体用途，不能挪作他用。资本金的增值性体现了企业投资者的权利，而基金的限制性则体现了政府和事业单位出资者的权利。为此，行政单位会计要按不同的项目核算基金的使用情况，必须提供各项基金的收支结余情况，以便考核各项基金的使用效果，而不一定要设置有关的资产、负债、收入、支出等科目进行核算。

# 第三节　行政单位会计核算的基本假设与一般原则

## 一、行政单位会计核算的基本假设

会计基本假设是会计确认、计量和报告的前提，是对会计核算所处时间、空间等所作的合理设定。行政单位会计核算的基本前提如表 1-6 所示。

**表 1-6　行政单位会计核算的基本假设**

| 会计基本假设 | 解释 |
| --- | --- |
| 会计主体 | 会计主体指行政单位会计工作特定的空间范围。由于行政单位会计主要由行政单位会计、事业单位会计构成，所以，其会计主体主要由各级政府、各类行政单位组织构成，会计核算和财务报告的编制应当集中反映特定对象的活动，并将其与其他经济实体区别开来，才能实现财务报告的目标 |

（续表）

| 会计基本假设 | 解释 |
|---|---|
| 持续经营 | 持续性指假设一个会计主体将在可预期的未来持续发生各种活动。虽然行政单位主要不以营利为目的，但其开展各项公共活动不仅不能带来盈利，而且要耗费一定的资源。在这个前提下，会计主体将按照既定用途使用资产，按照既定的和约条件清偿债务，并且在此基础上选择会计原则和会计政策 |
| 会计分期 | 会计分期指将行政单位会计主体持续运行的时间人为地划分成同等时间段，以便结算账目、编制会计报表。实行会计分期的作用在于能够对连续、相等的会计期间中会计主体的财务状况及其变动以及经营成果进行核算，并据以编制会计报告。会计期间分为年度、季度和月份，并都采用公历日期 |
| 货币计量 | 货币计量指行政单位会计的核算对象能够以货币方式计量。在会计的确认、计量和报告过程中之所以选择货币为基础进行计量，是由货币的本身属性决定的。货币是商品的一般等价物，是衡量一般商品价值的共同尺度，具有价值尺度、流通手段、贮藏手段和支付手段等职能。<br>在实际操作中以人民币作为记账本位币。如果发生外币收支，应当在发生收支时按照中国人民银行公布的当日人民币外汇汇率折算为人民币核算。对于业务收支以外币为主的行政单位和民间非营利组织，也可以选定某种外币作为记账本位币；但在编制会计报表时，应当按照编报日期的人民币外汇汇率折算为人民币反映 |

## 二、行政单位会计核算的一般原则

行政单位会计核算的一般原则，是指导行政单位会计核算业务的基本原则，是对会计核算提供信息的基本要求。

这些原则的执行对于保证行政单位会计体系全面、正确地反映我国财政状况具有重要指导意义。根据财政部制定的《行政单位会计制度》，我国行政单位会计核算的基本原则如图 1－3 所示。

1．**真实性原则**

真实性原则亦称客观性原则，是指会计核算应以实际发生的经济业务为依据，客观、真实地反映单位的财务收支状况及其结果。

真实性原则是对会计核算工作和会计信息的基本质量要求。会计真实性原则的具体要求是：在确认会计事项时，必须依据实际发生的经济业务；在计量记录会计事项时，不得伪造数量、金额；在会计报告中，必须如实反映

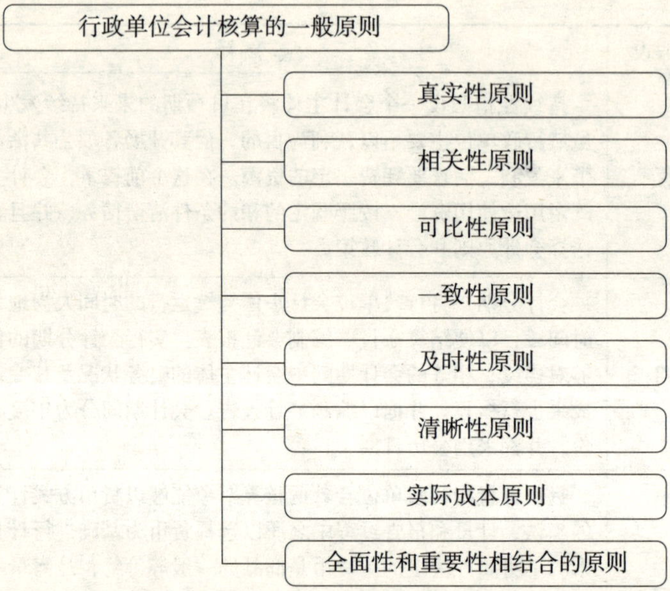


**图1－3　行政单位会计核算的基本原则**

情况，不得加以掩饰。

真实性不等于精确性，会计不可能提供精确的信息，因为经济活动存在许多不确定因素。这就决定了会计核算过程中不可能完全排除会计人员的主观判断，这就要求会计人员在进行估计之前，必须尽可能获得现实、客观的数据。

**2．相关性原则**

相关性原则也称适应性原则，指会计信息应当符合国家宏观经济管理的要求，满足预算管理和有关方面了解单位财务状况及收支情况的需要，并有利于单位加强内部管理。会计信息是否有用，是否具有价值，关键是看其与使用者的决策需要是否相关，是否有助于决策或者提高决策水平。

具体要求是：会计信息应该有价值，既能够反映过去的经济业务情况，又能够帮助信息使用者对未来事项作出预测，并对使用者作出决策提供帮助。

**3．可比性原则**

可比性原则是指会计核算应当按照规定的会计处理方法进行，同类单位的会计指标应当口径一致，相互可比。

因为每个会计主体必定是处于不同的地区，而且根据会计分期的假设，每个会计主体自身存在不同的会计期间，为有效地使用会计信息和会计资料，必须使在同一会计期间不同会计主体以及同一会计主体在不同会计期间的会计信息具有可比性，以便发现其中对决策者有用的信息。

4. **一致性原则**

一致性原则是指会计核算应当前后各期一致，不得随意变更。如确有必要变更，应当将变更的情况、原因和对单位财务收支情况及其结果的影响在会计报告中说明。

一致性原则的目的是确保各期会计报表中各类数据的可比性，以提高会计信息的使用价值以及制约和防止会计主体通过会计方法和程序的变更，在会计核算上弄虚作假，粉饰会计报表。

5. **及时性原则**

及时性原则指会计核算应当及时进行，会计报告必须及时反映过往会计期间的财务状况、经营成果和现金流量。这一原则要求财会人员应及时地依据原始凭证编制记账凭证，据以登记账簿，并按规定时日编报财务报告，不得拖延和积压，以提高会计信息的时效性。

会计信息的价值在于帮助所有者或者其他方面作出经济决策，具有时效性。即使是可靠、相关的会计信息，如果不及时提供，就失去了时效性，对于使用者的效用就大大降低甚至不再具有实际意义。

在会计确认、计量和报告过程中贯彻及时性，一是要求及时收集会计信息，即在经济交易或者事项发生后，及时收集整理各种原始单据或者凭证；二是要求及时处理会计信息，即按照会计准则的规定，及时对经济交易或者事项进行确认或者计量，并编制出财务报告；三是要求及时传递会计信息，即按照国家规定的有关时限，及时地将编制的财务报告传递给财务报告使用者，便于其及时使用和决策。

6. **清晰性原则**

清晰性原则是指会计记录和会计报告应当清晰明了，便于使用者理解和运用。具体来说，清晰性原则要求做到：从凭证、账簿到会计报告，从数字、文字到图式，从注释、签章到审核，各个环节、各个步骤都要清晰明了、言简意赅、通俗易懂。

7. **实际成本原则**

实际成本原则又称历史成本原则，是指各项财产物资应当按照取得或购进时的实际成本计价，当市场价格发生变动时，除国家另有规定者外，不得自行调整其账面价值。按实际成本作为会计计量的原则具有客观、可验证、易于取得的特点。

8. **全面性和重要性相结合的原则**

全面性和重要性相结合的原则，是指会计报告应当全面反映事业单位的财务收支情况及其结果，对于重要的经济业务，应当单独反映。

# 第四节 行政单位会计的基本要素、会计科目与会计等式

## 一、行政单位会计的基本要素

会计的基本要素是将会计对象分解成若干基本要素，行政单位会计的基本要素是会计内容的具体化，是对会计对象的进一步分类。它有利于设置会计科目，对有关核算内容进行确认、计量和报告，有利于准确设计会计报表的种类、格式和列示方式。行政单位会计的基本要素及其具体内容如表1-7所示。

表1-7 行政单位会计的基本要素

| 基本要素 | 定义 | 特点 | 范围 |
|---|---|---|---|
| 资产 | 资产是指由过去的交易或事项形成的，为行政单位拥有或控制的，预期能为行政单位带来经济利益流入的经济资源 | 资产是由行政单位过去的交易或事项形成的。这是指资产必须是现实的资产，它是来自于行政单位过去发生的交易或事项，而不是预期、计划的资产，也就是说资产的存在基础必须以实际发生的经济交易事项为依据 | 现金、银行存款、有价证券、暂付款、库存材料、固定资产等 |
| | | 资产是行政单位拥有的，或者虽然不能拥有但也是其能够控制的。资产只有被会计主体所拥有或控制，会计主体才能够获得和支配资产 | |
| | | 资产能够为行政单位带来经济利益或服务潜力。经济利益是指直接或间接流入会计主体的现金或现金等价物。服务潜力是指虽没有获得现金或现金等价物，但是能够为某一对象提供服务，履行相关的职能。如果资产不能达到这一要求，也就不符合资产的确认条件，因此，应该将其从账面上注销 | |

（续表）

| 基本要素 | 定义 | 特点 | 范围 |
|---|---|---|---|
| 负债 | 负债是会计主体因过去的交易或事项所形成的现时义务，履行该义务预期会导致经济利益流出行政单位 | 负债是由行政单位过去的交易或事项形成的。负债必须是现实的负债，它是来自于行政单位过去发生的交易或事项，而不是预期、计划的负债，也就是说负债的存在基础必须以实际发生的经济交易事项为依据 | 应缴预算款、应缴财政专户款和暂存款等 |
| | | 负债是行政单位承担的现实义务。现实义务表明这种负债已经发生，而且在现在或将来都对行政单位形成一种制约，行政单位必须于现在或将来予以清偿 | |
| | | 负债的清偿将导致行政单位经济利益的流出和服务活动的履行。经济利益的流出和服务活动的履行也就是行政单位资产的减少 | |
| 净资产 | 行政单位净资产是指行政单位资产减去负债后的差额 | 行政单位净资产增加时，其表现形式为资产增加或负债减少；当行政单位净资产减少时，其表现形式为资产减少或负债增加 | 固定基金和结余 |
| 收入 | 行政单位收入是指行政单位为实现其职能或开展业务活动，依法取得的非偿还性资金 | 行政单位收入的增加将导致净资产增加，进而导致资产增加或负债减少（或两者兼而有之），并且最终导致行政单位经济利益的增加或服务潜力增强 | 拨入经费、预算外资金收入和其他收入 |
| | | 行政单位收入确认是建立在收付实现制原则和权责发生制原则基础之上的。在收付实现制原则下，行政单位只要收到资金，就必须确认收入，而不管该笔资金所依托的经济事项是否发生于当期；在权责发生制下，行政单位只要经济事项发生于当期，并符合一定条件，就必须确认该事项所产生的收入，而不管收入所带来的资金当期有没有收到 | |

（续表）

| 基本要素 | 定义 | 特点 | 范围 |
| --- | --- | --- | --- |
| 支出 | 行政单位支出指行政单位为实现其职能或开展业务活动，对财政资金的再分配或所发生的各项资金耗费或损失 | 行政单位支出的增加将导致净资产减少，进而导致资产减少或负债增加（或两者兼而有之），并且最终导致行政单位经济利益的减少或服务潜力减弱<br>行政单位的支出确认是建立在收付实现制原则和权责发生制原则基础之上的。在收付实现制原则下，行政单位只要支付了资金，就必须确认支出，而不管该笔资金所依托的经济事项是否发生于当期 | 行政单位会计的支出包括经费支出、拨出经费和结转自筹基建 |

## 二、行政单位会计的会计科目

会计科目是对会计要素进一步分类的项目，是对会计对象的具体内容按照一定原则进行科学分类的一种方法。

会计科目是设置账户、处理账务的依据。通过设置会计科目，清楚地为单位内部管理和外部有关方面提供一系列具体的分类核算指标，设置会计科目还有助于会计核算的合理分工。

会计科目的设置在很大程度上还决定着会计报表的内容和结构。会计报表中的数据是由按会计科目设置的各种账簿来提供的，报表项目的分类方法和分类的详细程度，都依存于会计科目的设置。

### （一）会计科目设置的原则

#### 1. 会计科目应具有统一性

会计科目的设置及其核算内容，在全国各地区、各部门应当是统一的。这样，才能保证国家各级财政部门和主管单位对会计核算资料的综合汇总、分析利用。目前，我国财政总预算会计、行政单位会计所用的总账科目，都是由财政部统一制定的，非经财政部同意，不得任意减并（不需用的科目可以不用）。各地区、各部门可以根据需要进行必要的补充，并因地制宜地设置明细科目。

#### 2. 会计科目要适应各单位业务活动的特点和预算管理的要求

政府和事业单位的业务活动与企业的生产经营活动不一样，政府财政机关、行政单位、事业单位的业务活动差别很大，其收入、支出的具体项目，资产、负债的具体内容，也有很大的差别。比如，事业单位实行有偿服务，有一定的业务收入，行政单位只按规定履行公务，没有自身的业务收入；事业单位中有的要进行成本核算，行政单位则不存在成本核算问题。因此，会计科目要充分考虑各单位业务活动的实际需要来设置。对于收入、支出全部或大部分纳入预算管理的单位，其收入支出类科目应按照国家预算收支的款、项、目、节来设置总账科目和明细科目。这样才便于将核算结果同政府预算进行对比分析，加强预算管理。

**3. 会计科目要适应单位内部管理的要求**

会计科目提供的信息，既要符合国家宏观管理的要求，满足有关各方了解财务状况和收支情况的需要，又要满足单位加强内部管理的需要。因此，会计科目的制定既有统一性，又要因地制宜。比如，有些单位的内部二级单位作为一个会计主体进行核算，设置内部资金结算中心，进行成本核算，这样就需要增设一些会计科目，增加会计科目的级次。会计科目的设置要充分考虑单位自身管理的要求，为单位领导预测、决策和日常管理提供详尽有效的会计信息。

**4. 会计科目要简明通俗**

设置会计科目，既要尽可能简化会计核算，又要便于职工和领导了解预算执行情况。会计科目的含义要能够明确反映核算的内容和范围。会计科目要简明通俗、科学实用。

**5. 会计科目要与企业会计科目接轨**

预算会计科目的设置与企业的差别很大，比如，“经费存款”、“经费现金”、“经费材料”而不称为“银行存款”、“现金”、“材料”，而且，同是事业单位，由于预算管理方式不同所使用的科目名称也不相同，有的称“业务收入”、“业务支出”，有的称“事业收入”、“事业支出”。内容相同，科目名称不同，就不便于各单位会计资料的分析比较，也不便于会计报表的汇总。更重要的是，企业、事业单位、政府在会计科目的设置上都有一些共同的规律可循，都要建立在对会计要素的深刻分析的基础上。设计政府与事业单位的会计科目，应该借鉴企业会计的成熟经验，深入研究会计对象各组成部分的内在联系，使会计科目建立在科学分类的基础上。

## （二）会计科目的分类

**1. 以经济内容为标准进行分类**

以提供指标的经济内容为标准，我国行政单位会计科目分为资产、负债、净资产、收入、支出五大类，这也是《行政单位会计制度》所规定的会计科目，如表1－8所示。

表 1-8 行政单位会计科目表

| 编号 | 科目名称 | 编号 | 科目名称 |
|---|---|---|---|
| 一、资产类 | | 四、收入类 | |
| 101 | 现金 | 401 | 拨入经费 |
| 102 | 银行存款 | 404 | 预算外资金收入 |
| 103 | 有价证券 | 407 | 其他收入 |
| 104 | 暂付款 | | |
| 105 | 库存材料 | | |
| 106 | 固定资产 | | |
| 二、负债类 | | 五、支出类 | |
| 201 | 应缴预算款 | 501 | 经费支出 |
| 202 | 应缴财政专户款 | 502 | 拨出经费 |
| 203 | 暂存款 | 505 | 结转自筹基建 |
| 三、净资产类 | | | |
| 301 | 固定基金 | | |
| 303 | 结余 | | |

**2. 以提供指标的详细程度为标准进行分类**

以提供指标的详细程度为标准，我国行政单位会计科目分为总分类科目和明细分类科目，通常称为总账科目和明细科目。总账科目是对会计对象具体内容进行总括分类的科目，由国家财政部门统一制定。明细科目是对会计对象具体内容进行详细分类的科目，通常由主管部门和基层单位根据经济业务内容和内部管理要求自行确定。经济业务复杂、管理要求较高的单位，还可把明细科目进一步细分为一级明细科目和二级明细科目。

会计科目的体系如图 1-4 所示。

总账科目在会计要素下直接开设，反映相应会计要素中有关内容的总括信息。例如，在行政单位会计的收入会计要素下，开设“拨入经费”等总账科目，在支出会计要素下，开设“经费支出”等总账科目；在事业单位会计的收入会计要素下，开设“财政补助收入”等总账科目，在支出会计要素下，开设“事业支出”等总账科目。

明细科目在总账科目下开设，反映总账科目的明细信息。例如，在行政单位会计的“拨入经费”总账科目下，开设“拨入经常性经费”、“拨入专项经费”等明细科目；在事业单位会计的“事业支出”总账科目下，开设“基

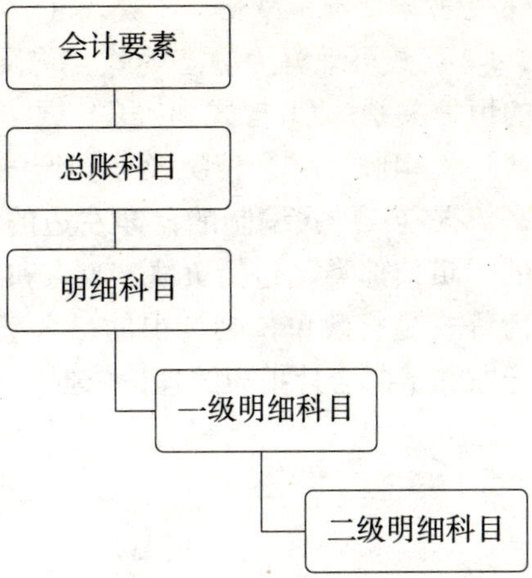


**图1－4　会计科目体系图**

本工资”、“补助工资”、“公务费”、“业务费”等明细科目。

行政单位会计科目配有编号，对于国家统一规定的预算会计科目及其编号，各级行政单位会计不得擅自更改或将编号打乱重编。

## 三、行政单位会计的会计等式

行政单位会计平衡等式，是指资产、负债和净资产之间的关系。一个单位所拥有的资产、负债、净资产明显地表现为同一资金的两个方面，即有一定数额的资产，就必然有一定数额的负债和净资产；反之，有一定数额的负债和净资产，也就必然有一定数额的资产。资产、负债、净资产是相互依存的，一个单位所拥有的资产绝不能脱离负债和净资产而单独存在。因此，从数学角度看，一个单位所拥有的资产总额与负债、净资产的总额必然是相等的。我们将资产、负债、净资产之间的这种客观存在的恒等关系，称为会计等式。用公式表示如下：

资产＝负债＋净资产（公式A）

单位在业务运作的过程中，必然会取得一定数额的收入，同时，也必然会发生一定数额的支出。收入和支出相抵后的余额为结余。这样，收入、支出和结余这三个要素的关系便可以用公式表示如下：

收入－支出＝结余（公式B）

若将以上两个等式用公式连接起来表示如下：

资产＝负债＋净资产＋收入－支出

可进一步变形为：

资产 + 支出 = 负债 + 净资产 + 收入（公式 C）

上述三个关系式，(A) 式可理解为静态等式，它反映单位在特定时点的资产、负债、净资产的恒等关系；(B) 式和 (C) 式可理解为动态等式，它们反映单位在业务营运过程中收支结余情况及净资产的增值情况。需要说明的是，资产负债表正是依据 (C) 式编制的，即左边的“资产部类”包括资产和支出两项，右边的“负债部类”包括负债、收入和净资产三项。

行政单位会计平衡等式是行政单位会计中的一个基础性理论，它是预算单位开设账户、复式记账和编制会计报表的理论依据。

# 第二章　行政单位会计核算的基本方法

## 全 章 纵 览

本章主要介绍行政单位基本的会计核算方法，通过本章相关知识的学习，应掌握以下方面的内容：

1. 行政单位会计采用的记账方法。
2. 会计凭证的内容以及行政单位会计凭证的编制和审核。
3. 会计账簿的概念以及行政单位会计账簿的登录和审核。
4. 会计报表的概念以及行政单位的会计报表的具体内容。
5. 行政单位日常会计核算工作的安排程序。

## 第一节　行政单位会计的记账方法

记账方法是指运用一定的记账符号、记账规则来编制会计分录和登记账簿的方法。自建国初期到1965年止，我国政府和事业单位就采用借贷记账法，从1966年到1997年，我国财政机关、行政单位和事业单位大都采用了资金收付记账法。预算会计改革以后，已恢复使用借贷记账法，本书中，我们重点介绍借贷记账法。

借贷记账法是以“借”、“贷”作为记账符号，记录会计要素增减变动情况的一种复式记账法。

### 一、借贷记账法

#### （一）记账符号

以“借”和“贷”为记账符号，在经济业务引起资金变化的账户中，以方向相反、金额相等的方式进行登记的复式记账法。值得指出的是，“借”和“贷”是会计中的专用术语，代表的只是记账的一种符号，并没有原来文字所表示的意思。

### （二）账户设置

通常把账户分为左右两方，分别反映经济业务的增加和减少，其中，左方为借方，右方为贷方。为了适应管理的要求和简化核算工作的需要，还可以设置既具有资产性质又具有负债性质的双重账户。如“应收账款”账户为资产类账户，“预收账款”账户为负债类账户，如果企业预收账款业务不多，可将其合并在“应收账款”账户中反映，这时，“应收账款”账户是一个双重性质的账户。双重性账户的总账余额没有经济意义，即它既不表示资产数，又不表示负债数，反映资产和负债实有数额的资料，只能从双重性账户的各明细分类账户中分析获得。

## 二、账户结构

借贷记账法以“借”、“贷”作为记账符号，各个账户都分为“借方”和“贷方”，用来反映各会计要素的增减变动。“借方”在账户的左方，“贷方”在账户的右方。资产类账户和负债类账户中登记的事项不同，账户余额的方向也不同。

资产类账户，期初余额列在账户的借方，即左方，与在资产负债表中排列的方向一致。增加记在借方，即同余额相同的方向；减少记在贷方，即同余额相反的方向；期末余额在借方。资产类账户的结构如表 2-1 所示。

**表 2-1　资产类账户的结构**

| 借方 | | 贷方 | |
|---|---|---|---|
| 期初余额 | ××× (1) | | |
| 本期增加额 | ××× (2) | 本期减少额 | ××× (3) |
| 期末余额 | ××× (4) | | |

注：(4) = (1) + (2) - (3)

负债类账户，期初余额列在账户的贷方，即右方，与在资产负债表中排列的方向一致。增加记在贷方，即同余额相同的方向；减少记在借方，即同余额相反的方向；期末余额在贷方。负债类账户的结构如表 2-2 所示。

**表 2－2 负债类账户的结构**

| 借方 | | 贷方 | |
|---|---|---|---|
| | | 期初余额 | ××× (1) |
| 本期减少额 | ××× (3) | 本期增加额 | ××× (2) |
| | | 期末余额 | ××× (4) |

注：(4) = (1) + (2) − (3)

在实际工作中还使用一种双重性质的账户，即兼有资产类和负债类性质的账户，通常用于往来结算业务。如在不设“预收账款”账户条件下的“应收账款”账户，应收款项增加记在借方，应收款项减少记在贷方；预收账款增加记在贷方，预收账款减少记在借方。期末根据账户余额所在的方向确定其所反映的经济内容，期末余额如在借方，就是应收款项；期末余额如在贷方，就是预收款项。双重性质账户的结构如表2－3所示。

**表 2－3 双重性质账户的结构**

| 借方 | | 贷方 | |
|---|---|---|---|
| 应收账款期初余额 | ××× (1) | 预收账款期初余额 | ××× (5) |
| 应收账款增加额 | ××× (2) | 应收账款减少额 | ××× (6) |
| 预收账款减少额 | ××× (3) | 预收账款增加额 | ××× (7) |
| 应收账款期末余额 | ××× (4) | 预收账款期末余额 | ××× (8) |

注：(4) = (1) + (2) − (3)
(8) = (5) + (6) − (7)

## 三、记账规则

运用借贷记账法登记经济业务，首先要根据经济业务的内容，确定其涉及哪些资产类项目或负债类项目，这些项目是增加还是减少，再确定经济业务应记入哪些账户，记入这些账户的借方还是贷方。行政单位所发生的各种经济业务，引起资产和负债的增减变动有四种类型，因此，借贷记账法的记账有以下四种情况：

(1) 资产增加、资产减少的业务，分别记入资产类账户借方、资产类账户贷方。

(2) 负债增加、负债减少的业务，分别记入负债类账户贷方、负债类账户借方。

(3) 资产和负债同时增加的业务，分别记入资产类账户借方、负债类账户贷方。

（4）资产和负债同时减少的业务，分别记入资产类账户贷方、负债类账户借方。

在借贷记账法中，“借”表示资产和支出类账户的增加，以及负债、净资产和收入类账户的减少或转销；“贷”表示资产和支出类账户的减少或转销，以及负债、净资产和收入类账户的增加。在确定了借贷方向和会计科目后，就在两个或多个会计科目登记相同的经济业务金额。简单地说，就是“有借必有贷，借贷必相等”。

**案例解析**

**【例2-1】** 某行政单位收到应缴预算款680 000元存入银行。

该项经济业务引起负债类账户“应缴预算款”增加680 000元和资产类账户“银行存款”增加680 000元，所以，应在负债类账户“应缴预算款”贷记680 000元，同时，在资产类账户“银行存款”借记680 000元，其会计分录为：

借：银行存款　　680 000

　　贷：应缴预算款　　680 000

**【例2-2】** 某行政单位用行政经费购置汽车一辆，价格200 000元，用银行存款支付。

该项经济业务引起支出类账户“经费支出”增加200 000元，资产类账户“银行存款”减少200 000元，资产类账户“固定资产”增加200 000元和净资产类账户“固定基金”增加200 000元，所以，应在支出类账户“经费支出”中借记200 000元，资产类账户“银行存款”贷记200 000元。同时，在资产类账户“固定资产”借记200 000元，净资产类账户“固定基金”贷记200 000元，其会计分录为：

借：经费支出　　200 000

　　贷：银行存款　　200 000

借：固定资产　　200 000

　　贷：固定基金　　200 000

**【例2-3】** 某行政单位职工借现金6 000元作差旅费。

该项经济业务引起资产类账户“暂付款”增加6 000元，资产类账户“现金”减少6 000元，所以，应在资产类账户“暂付款”借记6 000元，资产类账户“现金”贷记6 000元，其会计分录为：

借：暂付款　　6 000

　　贷：现金　　6 000

## 四、试算平衡

### （一）试算平衡表

由于每笔会计分录中的借、贷方金额相等，因此，在将会计分录登入相关账户后，全部账户的本期借方发生额合计数与本期贷方发生额的合计数必然相等；以此类推，全部账户的期末借方余额合计数与期末贷方余额合计数也相等。我们可以把以上内容概括成三个等式来表明试算平衡的关系。

（1）会计分录试算平衡公式：

借方账户金额 = 贷方账户金额

（2）发生额试算平衡公式：

全部账户本期借方发生额合计数 = 全部账户本期贷方发生额合计数

（3）余额试算平衡公式：

全部账户期末借方余额合计数 = 全部账户期末贷方余额合计数

### （二）试算平衡表

在会计实务中，一般是通过编制试算平衡表来检查试算平衡的，时间一般是在月末。行政单位总账科目试算平衡表如表2－4所示。

**表2－4　总账科目试算平衡表**

| 会计科目 | 期初余额 | | 本期发生额 | | 期末余额 | |
|---|---|---|---|---|---|---|
| | 借方 | 贷方 | 借方 | 贷方 | 借方 | 贷方 |
| 现金 | | | | | | |
| 银行存款 | | | | | | |
| 暂付款 | | | | | | |
| 经费支出 | | | | | | |
| 暂存款 | | | | | | |
| 拨入经费 | | | | | | |
| 结余 | | | | | | |
| 总计 | | | | | | |

如果试算平衡表的本期发生额和本期余额的借贷方金额不相等，则表明账户的记录或计算有误。但是，如果试算平衡表的本期发生额和期末余额的借贷方金额相等，也不能得出账户记录或计算正确的结论。例如，将分录中的借贷方金额由 20 000 写成2 000，在这种情况下，虽然数字有错误，但由于分录中的借贷方金额仍然相等，所以，试算仍然是平衡的；再如，分录中的数字没有错误，但是借贷的方向弄错了，在这种情况下，试算也是平衡的。虽然试算平衡存在一些不足，但是，它对检查会计记录等工作是否存在错误还是有很大帮助的。

借贷记账是一种复式记账法，与其他复式记账法比较具有明显的优点：

(1) 记账规则单一，一项业务有借必有贷，账户对应关系清楚，能够鲜明地表现资金运动的来龙去脉；

(2) 账户不要求固定分类，可以使用资产类和负债类双重性质的账户，账户设置适用性强，使用也很方便；

(3) 账户试算平衡通过借贷平衡来实现，因而使用的记账凭证简单清晰，账务记录的汇总和检查十分简便。

这种记账方法目前已在我国各个行业中普遍推行。

# 第二节　会计凭证

会计凭证是记录经济业务，明确经济责任，并据以登记账簿的书面证明，分为原始凭证和记账凭证。

## 一、原始凭证

原始凭证又称“单据”，是在经济业务发生或完成时取得的，用以证明经济业务已经发生或完成的最初书面证明文件，是会计核算的原始资料，是编制记账凭证的依据。

### (一) 原始凭证的分类

原始凭证的分类方法比较多样，原始凭证的分类方法如表 2－5 所示。

表 2-5 原始凭证的分类方法

| 分类标准 | 具体内容 |
|---|---|
| 按取得来源分类 | 自制原始凭证 |
| | 外来原始凭证 |
| 按填制手续分类 | 一次凭证 |
| | 累计凭证 |
| | 汇总凭证 |
| 按所起作用分类 | 通知凭证 |
| | 执行凭证 |
| | 计算凭证 |
| 按经济业务分类 | 支出凭证 |
| | 收款凭证 |
| | 往来结算凭证 |
| | 银行结算凭证 |
| | 缴拨款凭证 |
| | 财产物资收付凭证 |

**1. 按取得来源分类**

原始凭证按取得的来源可分为自制原始凭证和外来原始凭证。自制原始凭证是本单位内部发生经济业务时，由本单位内部经办业务的单位或个人填制的凭证。例如，仓库保管人员填制的入库单、领料部门填制的领料单、出差人员填制的差旅费报销单等。外来原始凭证是与外单位发生经济业务时，从外单位取得的凭证。例如，购货时取得的发票，出差人员报销的车票、飞机票、住宿费收据等。

**2. 按填制手续分类**

原始凭证按填制手续可分为一次凭证、累计凭证和汇总凭证。一次凭证是指填制手续一次完成，一次记录一项或若干项经济业务的原始凭证。

一次凭证是一次有效的凭证，已填列的凭证不能重复使用。外来的原始凭证都是一次凭证，自制原始凭证中的收料单、发货单、银行结算凭证等都是一次凭证。

累计凭证是在一定时期内，在一张凭证上，连续多次记录不断重复发生的同类经济业务的原始凭证，随时计算累计数及结余数，以便按计划或限额进行控制。制造业的限额领料单是典型的累计凭证。

汇总凭证是将一定时期内记录同类经济业务的若干张原始凭证汇总起来编制的原始凭证。例如，工资结算汇总表、收货汇总表、发出材料汇总表等。

3. **按所起作用分类**

原始凭证按所起作用可分为通知凭证、执行凭证和计算凭证。通知凭证是对某项经济业务发挥通知或指示作用的凭证，对这类凭证的管理，其完成不能证明经济业务已经完成。例如，物资订货单、扣款通知等。执行凭证是某项经济业务执行后填制的原始凭证，可以证明经济业务已经完成。例如，入库单、出库单、各种收据等。计算凭证也是某项经济业务完成后填制的原始凭证，可以证明经济业务已经完成。但是，该凭证上的数字是按照一定方法计算后形成的。例如，工资结算汇总表、辅助生产费用分配表、制造费用分配表等。

4. **按经济业务分类**

行政单位的原始凭证按经济业务可分为以下六类。

（1）支出凭证。如直接用以报销经费的购货发票、领料单、工资单、差旅费报销单等。支出凭证是各单位核算实际支出数的依据。从外单位取得的原始凭证，必须盖有填制单位的公章。自制原始凭证必须有经办单位负责人或指定负责人的签名或盖章，并注明支出的用途和理由。其中，付出款项的凭证要有收款单位和收款人的收款证明，购买实物的凭证要有本单位验收入库的签章。对一些经常性的支出如差旅费等，应填制统一格式的报销单，将其他原始凭证作为附件附上。对一些支出项目较多的原始凭证，如会议费、体育竞赛费等，可填制“支出报销凭证汇总单”，将其他原始凭证作为附件附上。从外单位取得的原始凭证如有遗失，应取得签发单位盖有公章的证明，并注明原来凭证的号码、金额、内容等，由经办单位负责人批准后，才能代作原始凭证。如遗失的原始凭证确实无法取得证明的，如火车票、轮船票、飞机票、用餐单据等，则应由当事人写明详细情况，经单位领导签字批准，方可报销。

（2）收款凭证。单位收到各种收入款项，都要开给对方收款收据。收款收据是开给交款单位或交款人的书面证明，是单位核算各项收入的依据。收款收据一式三联，第一联为入账依据，第二联为给交款单位或交款人的收据，第三联为存根，定期缴销，不得撕下。收款收据要加盖收款单位公章和经手人鉴章。收款收据的格式如图2－1所示。

各单位对各种收款收据，要指定专人负责收发、保管和登记。收款收据要逐页、按编号顺序使用。如因填写错误需要作废，应全份保存注销，加盖“作废”戳记，不得撕毁。收据用完后的存根，应妥善保存，以备查考。各种专用收据，原则上由主管部门统一印发，并按规定使用。

**收款收据**

收款日期　　年　月　日　　　　　　　　　　编号：

| | | |
|---|---|---|
| 今收到 | | |
| 交来 | | |
| 人民币（大写） | | |
| 收款单位<br>（公章） | 收款人<br>（签章） | 经手人<br>（签章） |

**图2－1　收款收据**

（3）往来结算凭证。往来结算凭证包括暂存款、暂付款等结算凭证，是单位各项往来款项结算的书面证明。支付暂付款时，应由借款人出具借据（借款凭证），写明用途，由借款人签章和单位负责人或授权人审批签章。收回借款时，使用三联借据的，应退还副联代替收据；不使用三联借据的，应另开收据。某些特定项目的暂存款，如医院预收病人的住院费等，应使用专用的结算凭证；一般性的暂存款，可使用通用的收款收据。

（4）银行结算凭证。行政单位通过银行办理转账结算，其结算凭证由开户银行统一印制。单位使用时，填制《空白收费单据请购单》，并加盖预留银行印鉴，要向开户银行购买。经开户银行核准登记后，交付空白银行结算凭证。常用的银行结算凭证包括现金支票、转账支票、电汇凭证、汇票申请书、进账单等。

（5）缴拨款凭证。缴拨款凭证是单位同主管部门或财政机关发生收入上缴或退回、经费拨入或交还的书面证明。

应缴国家的各种预算收入，由单位填写“国库缴款书”上缴国库；应由主管部门集中缴库的，由单位上缴后通过银行汇解。误缴国库的款项，由收入机关填制“收入退还书”退库归还。“国库缴款书”和“收入退还书”由财政部门统一制定。

上级单位对所属会计单位办理各种预算拨款时，应填写银行印制的“付款委托书”或“信汇委托书”，通知银行转账；本单位如缴回经费拨款，则填写“付款委托书”或“信汇委托书”，通过银行从单位存款户转出。

（6）财产物资收付凭证。财产物资收付凭证是指固定资产、原材料等收进、付出的书面证明。固定资产调入、调出，应填制“固定资产调拨单”。购进材料，应填制“收料单”，办理入库手续；发出材料，应填制“发料单”，办理出库手续；材料发出业务较多的单位，可按期汇总编制“发生材料汇总表”，以便进行材料发出的核算。

## 二、原始凭证的填制和审核

### 1. 自制原始凭证

对于不真实、不合法、不合理的自制原始凭证，会计人员有权拒绝接受，不办理会计核算手续；情节严重的，应及时向单位负责人报告。属于填写不符合要求的，如手续不完整、项目有遗漏、数字计算不准确、文字说明不完整的，应当退回，要求其按照规定进行更正、补充。

自制原始凭证如果出现差错也要退回出具部门或经手人，重开或者更正，如果是更正，要在更正处加盖更正者的印章，以明确责任；金额有错误的，应当由出具或者经手人重开，不得在原始凭证上更正。

职工报销凭证具有以下严格的签字要求：

（1）按规定应该签字的人员必须全部签字，签字必须签全称，不得只签姓。

（2）签字人签署姓名后，还应当签署签字的日期。

（3）领导签字应当明确表明是否同意报销。

（4）为便于原始凭证的装订，签字是签在凭证下面的右上方。签字如果是签在凭证的反面，则应签在左上方。

（5）有多张凭证都需要签字时，要一张一张分别签，不能用复写纸同时签。

根据财政部《会计基础工作规范》第48条的规定，职工公出借款的凭证，必须附在记账凭证之后。借款收回时，不得退回原借款收据，应当另行开具借款收回的收据或者退回原借据的副本给借款人。

自制原始凭证的填制和审核内容如表2-6所示。

**表2-6　自制原始凭证填制和审核内容**

| 主要内容 | 注意事项 |
|---|---|
| 填制内容 | 凭证的名称 |
| | 填制凭证的日期 |
| | 经办人员的签名或盖章 |
| | 经济业务内容 |
| | 数量、单价和金额 |

（续表）

| 主要内容 | 注意事项 |
|---|---|
| 审核 | 是否按国家规定和有关计划使用资金 |
| | 是否多计或少计了成本费用，形成了虚假利润 |
| | 是否按规定的渠道、标准、比例提取费用或摊销费用 |
| | 物资核算是否属实，是否虚报冒领 |
| | 费用的发生是否合理 |
| 不予授理凭证 | 没有经办人员的签名或者盖章 |
| | 凭证摘要填写不清楚 |
| | 凭证的联次不符 |
| | 凭证有涂改 |
| | 凭证所列的经济业务不符合开支范围、开支标准 |
| | 凭证所列的金额、数量计算不正确 |

**2. 外来原始凭证**

根据《中华人民共和国会计法》第14条的规定，有问题的外来原始凭证应作如下处理：

（1）不真实、不合法的，会计人员有权不予接受，并向单位负责人报告。

（2）记载不准确、不完整的，会计人员有权予以退回，要求其按照国家统一的会计制度的规定，进行更正、补充。对于有错误的，退回出具单位重开或者更正，更正处应该当加盖出具单位的印章。对于金额有错误的，应当由出具单位重开，不得在原始凭证上更正。

根据财政部《会计基础工作规范》第55条的规定，从外单位取得的原始凭证如有遗失，应当由原开出单位出具证明，证明经济业务的内容，原始凭证的号码、金额，证明必须加盖原开出凭证单位的公章。然后由接受凭证单位的会计机构负责人、会计主管人员和单位领导人办理批准手续，手续齐全后，才能代作原始凭证。有些外来原始凭证遗失无法取得证明的，例如，飞机票、火车票等，可以由当事人写出详细情况，然后由接受凭证单位的会计机构负责人、会计主管人员和单位领导人办理批准手续，手续齐全后，才能代作原始凭证。

根据财政部《会计基础工作规范》第48条的规定，发生销货退回时，首先要取得退货验收证明，然后填制退货发票；退款时，首先要取得对方的收款收据或者汇款银行的凭证，然后才能填制退款凭证。特别要注意的是，不能以退货发票代替收据开具退款凭证。

根据财政部《会计基础工作规范》第48条的规定精神，上级有关部门批准的业务，应当将批准文件作为原始凭证的附件，证明经济业务已经发生或者完成，据此填制原始凭证。如果该批准文件必须单独归档，不能作为附件，应当在原始凭证上注明批准机关的名称、日期和文件字号，以备查找。

外来原始凭证的填制和审核内容如表2-7所示。

**表2-7　外来原始凭证的填制和审核内容**

| 主要内容 | 注意事项 |
|---|---|
| 填制内容 | 凭证的名称。外来原始凭证必须有明确的名称，以便于凭证的管理和业务处理 |
| | 填制凭证的日期。凭证填制的日期就是经济业务发生的日期，便于对经济业务的审查 |
| | 填制凭证的单位名称或者填制人的姓名。填制凭证的单位或个人是经济业务发生的证明人，有利于了解经济业务的来龙去脉 |
| | 经办人员的签名或者盖章。凭证上的签名、盖章人员，是经济业务的直接经办人，签名、盖章可以明确经济责任 |
| | 接受凭证的单位名称。证明经济业务是否确实是本单位发生的，以便于记账和查账。值得注意的是，单位的名称必须是全称，不得省略 |
| 审核 | 凭证真实性的审核。凭证是否真实，例如，是否为税务局统一开具的发票；凭证所记载的经济业务是否真实发生；开出发票的单位是否存在等 |
| | 凭证完整性的审核，即审核外来原始凭证所应填写的内容是否齐备，不得有遗漏 |
| | 凭证合规性的审核，即审核凭证所记载的经济业务是否符合有关财经法规和会计制度的规定，是否符合开支标准；凭证所填写的文字和金额是否清楚、规范；使用的笔和颜色是否符合要求等 |
| 不予授理凭证 | 应盖有税务局发票监制章、填制凭证单位公章的而未加盖 |
| | 未填写填制凭证的单位名称或者填制人的姓名，没有经办人员的签名或者盖章 |
| | 填制单位的名称与所盖的公章不符 |
| | 未填写接受凭证的单位名称或者填写的名称与本单位不符 |
| | 凭证有涂改 |
| | 凭证所列的经济业务不符合开支范围、开支标准；凭证所列的金额、数量计算不正确 |

## 三、记账凭证

记账凭证是根据审核无误的原始凭证，按照账务核算要求，分类整理后编制的会计凭证，它是确定会计分录、登记账簿报表的直接依据。行政单位会计的记账凭证由以下要素组成，如图 2－2 所示。

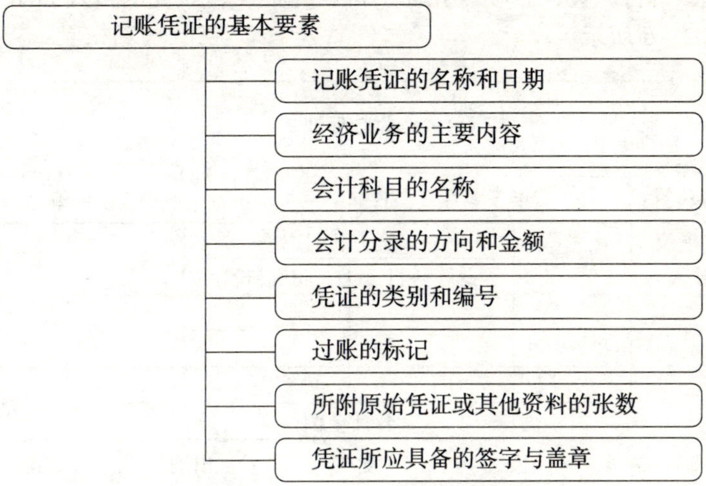


**图 2－2　记账凭证的基本要素**

### （一）记账凭证的种类

**1. 通用记账凭证**

通用记账凭证是指不分收款、付款、转账业务，统一使用一种格式的记账凭证。记账凭证核算程序和科目汇总表核算程序都应使用通用记账凭证。其格式如图 2－3 所示。

**记账凭证**

总字第　　号
会字第　　号
年　　月　　日　　附件　　张

| 摘要 | 科目名称 | | 借方金额 | 贷方金额 |
|---|---|---|---|---|
| | 总账科目 | 明细科目 | | |
| | | | | |
| | | | | |
| 合计 | | | | |

会计主管　　记账　　复核　　出纳　　制单

**图 2－3　记账凭证**

2. **通用记账凭证**

专用记账凭证是按照经济业务的性质选择使用的记账凭证，通常有收款凭证、付款凭证、转账凭证。对那些现金出纳和银行出纳由不同人员担任的单位，收款凭证和付款凭证可再分为现金收款凭证、银行收款凭证和现金付款凭证、银行付款凭证。收款凭证、付款凭证、转账凭的格式如图 2－4、图 2－5、图 2－6 所示。

**收款凭证**

出纳编号________

借方科目：　　　年　　月　　日　　　　制单编号________

| 对方单位（缴款人） | 摘要 | 贷方科目 | | 金额 | 记账符号 | |
|---|---|---|---|---|---|---|
| | | 总账科目 | 明细科目 | | | |
| | | | | | | |
| | | | | | | |
| | | | | | | |
| | | | | | | |
| | | 合计金额 | | | | |

会计主管　　记账　　复核　　出纳　　制单

**图 2－4　收款凭证**

**付款凭证**

出纳编号________

贷方科目：　　　年　　月　　日　　　　制单编号________

| 对方单位（缴款人） | 摘要 | 借方科目 | | 金额 | 记账符号 | |
|---|---|---|---|---|---|---|
| | | 总账科目 | 明细科目 | | | |
| | | | | | | |
| | | | | | | |
| | | | | | | |
| | | | | | | |
| | | 合计金额 | | | | |

会计主管　　记账　　复核　　出纳　　制单

**图 2－5　付款凭证**

**转账凭证**

出纳编号________

年　月　日　　　　　　　　　　　　　制单编号________

| 对方单位（缴款人） | 摘要 | 贷方科目 | | 贷方科目 | | 金额 | 记账符号 | |
|---|---|---|---|---|---|---|---|---|
| | | 总账科目 | 明细科目 | 总账科目 | 明细科目 | | | |
| | | | | | | | | |
| | | | | | | | | |
| | | | | | | | | |
| | | | | | | | | |

会计主管　　　记账　　　复核　　　出纳　　　制单

**图 2-6　转账凭证**

**2. 记账凭证的编制和审核**

记账凭证一般根据每项经济业务的原始凭证编制。当天发生的同类会计事项可以适当归并后编制。不同会计事项的原始凭证，不得合并编制一张记账凭证，也不得把几天的会计事项加在一起编制一张记账凭证。

记账凭证必须附有原始凭证。一张原始凭证涉及几张记账凭证的，可以把原始凭证附在主要的一张记账凭证的后面，在其他记账凭证上注明附有原始凭证的记账凭证的编号。结账和更正错误的记账凭证以及总预算会计预拨经费转列支出，可以不附原始凭证，但必须经主管人员签字。

记账凭证必须根据审核无误的原始凭证编制，其各项内容必须填列齐全，各种签名和盖章不可或缺。总账科目下的明细科目，如需要列入记账凭证，可将明细科目的名称和金额同时列在“明细科目名称”栏内。明细科目的金额不能填列在记账凭证的“金额”栏内。填制记账凭证的文字必须清晰、工整，不得潦草。记账凭证由指定人员复核。记账凭证按照制单的顺序，每月连续编号。月终连同每个记账凭证后附有的原始凭证装订成册，并加盖有关人员的签章或公章，妥善保管。

**3. 汇总记账凭证**

经济业务较多的单位，可以把每天的记账凭证汇总编制成总账科目汇总表，作为登记总账的依据，总账科目汇总表是一种汇总记账凭证。汇总记账凭证流程图如图 2-7 所示。

**4. 记账凭证的保管**

记账凭证应按照填制的顺序，按月连续编号。月终将记账凭证连同所附

根据一定时期内记账凭证中的会计分录，对每一总账科目的借方和贷方，分别得出发生额合计数，填入总账科目汇总表内

↓

计算出全部科目借方和贷方的本期发生额合计数，如果借方和贷方金额相等，一般说明记账凭证没有错

↓

核对无误以后，可根据每一科目借方和贷方本期发生额的合计数登记总账科目，并在“总账页数”栏注明，以备查考

**图 2－7　汇总记账凭证流程图**

原始凭证装订成册，加上封面，并在左上角装订处粘贴封签，由有关会计人员加盖骑缝印章，妥善保管。对于不便随同记账凭证一起装订的原始凭证，可以抽出单独保管。但是，应在有关记账凭证上注明抽出的原始凭证的名称和数量，由保管人签章，年终随有关记账凭证一同归档。

记账凭证的封面和封底是用来装订记账凭证时使用的一种会计档案的整理保管凭证。记账凭证封面应注明单位名称、年份、月份、起止日期、凭证类别、起止号码、册数等。记账凭证封底应注明凭证抽出附件登记的相关内容。封面和封底的格式如图2－8、图 2－9 所示。

**记账凭证封面**

年　　月

| | |
|---|---|
| 单位名称 | |
| 凭证各类 | |
| 册　　数 | 本月共　册，本册是第　册 |
| 起止号码 | 自第　号至第　号止　共计　张 |
| 起止日期 | 自　　　年　月　日至　　　年　月　日 |

会计主管　　　　　　　　装订人

**图 2－8　封面**

记账凭证封底

（抽出附件登记）

| 抽出日期 | | | 抽出附件详细名称 | 抽出理由 | 抽取人签单 | 会计主管签单 | 备注 |
|---|---|---|---|---|---|---|---|
| 年 | 月 | 日 | | | | | |
| | | | | | | | |
| | | | | | | | |
| | | | | | | | |

**图2－9 封底**

# 第三节 会计账簿

会计账簿是以会计凭证为依据，由具有一定格式、相互联系的账页组成，用来序时、分类地记录和反映各项经济业务的会计簿记。设置和登记账簿是会计核算的中心环节。

## 一、会计账簿的分类与设置

### （一）账簿按用途分类

账簿按其用途可以分为日记账、分类账和备查簿三种。

**1. 日记账**

日记账又称序时账，是按照经济业务发生时间的先后顺序进行登记的账簿。目前，事业、行政等单位仅设置现金日记账和银行存款日记账这种反映特定经济业务的特种日记账，而不设置反映全部经济业务的普通日记账。

（1）现金日记账。现金日记账是核算现金收付结存情况的账簿，又称现金出纳账，通常为三栏式，并设“对方会计科目名称”专栏。由出纳人员根据现金收付的原始凭证按照业务发生的先后顺序，逐笔登记。每日结出余额与现金库存数核对，月末与总账“现金”科目核对。

（2）银行存款日记账。银行存款日记账是核算银行存款收付结存情况的账簿，通常采用三栏式，由出纳人员根据银行存款收付的原始凭证按业务发生的先后顺序逐笔登记，定期与银行对账单进行核对。

2. **分类账**

分类账是对全部经济业务按照总分类账户和明细分类账户进行分类核算和登记的账簿，分类账又分为总分类账和明细分类账。

总分类账简称总账，是按总分类账户开设账页的会计簿籍。总账是反映资产、负债、净资产、收入和支出会计要素的总括情况，平衡账务，控制和核对各种明细账以及编制预算会计报表的主要依据。总账格式采用三栏式，如图 2－10 所示。

**总分类账**

会计科目：第　页

| 年 | | 凭证号 | 摘要 | 借方金额 | 贷方金额 | 余额 | |
|---|---|---|---|---|---|---|---|
| 月 | 日 | | | | | 借或贷 | 金额 |
| | | | | | | | |
| | | | | | | | |
| | | | | | | | |
| | | | | | | | |

**图 2－10　总分类账**

明细分类账简称明细账，是根据总分类科目设置，按所属二级科目或明细科目开设账户，用以分类登记某一类经济业务，提供比较详细的核算资料的账簿。明细分类账可以提供经济活动和财务收支的详细情况，有利于加强财产物资的管理，监督往来款项的结算，也为编制会计报表提供必要的资料。因此，各单位在设置总分类账的基础上，根据经营管理的实际需要，按照一级科目设置必要的明细分类账。明细账根据记账凭证及原始凭证或原始凭证汇总表进行登记。明细账的格式一般采用三栏式或多栏式。明细账的格式如图 2－11 所示。

明细分类账

明细科目：　　　　　　　　　　　　　　　　　　　　第　页

| 年 | | 凭证号 | 摘要 | 借方 | 贷方 | 余额 | 借（贷）方余额分析 | | |
|---|---|---|---|---|---|---|---|---|---|
| 月 | 日 | | | | | | | | |
| | | | | | | | | | |
| | | | | | | | | | |
| | | | | | | | | | |
| | | | | | | | | | |

**图2－11　明细分类账**

行政单位通常要设置下列明细账。

（1）支出明细账。支出明细账是反映具体开支项目的明细账。支出明细账格式一般采用多栏式，按预算支出的“目”级科目设置账户，按主管部门或财政部门规定的“节”级科目设置专栏。

各单位对事业支出、经营支出、专项资金支出、专用基金支出，应分别设置明细账，按开支用途设置账户，登记支出的明细内容。

（2）收入明细账。收入明细账是反映具体收入项目的明细账。其格式一般采用多栏式，按主要收入项目或收入单位设置账户，按具体收入项目设置专栏。

各单位对事业收入、经营收入、其他收入和专用基金收入，应设置相应的收入明细账，按主要收入项日设置账户。

（3）缴拨款项明细账。缴拨款项明细账是反映财政机关与主管单位、主管单位与二级单位及基层单位之间，预算资金的拨入、拨出和专项资金的上缴、下拨情况的明细账。通常采用三栏式。

有分支机构的单位，一般应设置拨出经费和拨出专项款明细账，并按所属单位名称设置账户；也可只设置总账，不设明细账。

上级单位对于下级单位上缴的资金和下拨的支出，应设置相应的明细账，按下级单位名称设置账户。下级单位对于上缴上级的收入和上级下拨的资金，只设总账，不设明细账。

（4）往来款项明细账。往来款项明细账是用来反映债权、债务结算情况的明细账。各单位一般应对暂存款、暂付款、合同预收款、合同预付款、借入款、借出款等分别设置往来款项明细账，按往来的单位或个人名称设置账户。其格式可采用三栏式或多栏式。

（5）固定资产明细账。固定资产明细账是具体核算各种固定资产增减变化和结存情况的明细账。按照固定资产的类别和名称分设账户。其格式一般可采用数量金额三栏式，根据原始凭证逐笔登记。

（6）库存材料明细账。库存材料明细账是具体核算各种材料收发和结存情况的明细账。按照材料的类别和品名分设账户。其格式一般采用数量金额三栏式，根据原始凭证逐笔登记。

3. **备查簿**

备查簿是对某些在日记账和分类账等主要账簿中未能记录或记录不全的经济业务进行补充登记的账簿，是一种辅助性账簿，它可以为经营管理者提供必要的参考资料。例如，应收票据备查簿、租入固定资产备查簿等。备查簿没有固定格式。

### （二）账簿按其外表形式分类

1. **订本式账簿**

订本式账簿简称订本账，订本账是在启用前就已经按顺序编号并固定装订成册的账簿，现金日记账、银行存款日记账和总分类账一般采用这种形式。其优点是可以防止账页散失或抽换账页；其缺点是账页固定后，不能确定各账户应该预留多少账页，也不便于会计人员分工记账。

2. **活页式账簿**

活页式账簿简称活页账，活页账是在启用前和使用过程中把账页置于活页账夹内，随时可以取放账页的账簿。适用于一般明细分类账，其优点是可根据实际需要灵活使用，也便于分工记账；其缺点是账页容易散失和被抽换。为了克服这个缺点，使用活页账时必须按账页顺序编号，期末装订成册，并由有关人员盖章后保存。

3. **卡片式账簿**

卡片式账簿简称卡片账，卡片账是由许多具有账页格式的硬纸卡片组成，存放在卡片箱中的一种账簿。卡片账多用于固定资产、存货等实物资产的明细分类核算。其缺点与活页账基本相同，使用卡片账一般不需要每年更换。

## 二、会计账簿的使用

由于会计账簿是政府与非营利组织经济业务的具体记录，因此，对其使用也有严格的要求。

（1）除财政总预算会计中按放款期限设置的财政周转金放款明细账可以跨年度使用之外，其他会计账簿的使用以每一会计年度为限。对于账簿的启用，应该填写经管人员一览表和账簿目录，并将其附于账簿扉页。经管人员一览表的封面和内容如图 2－12、图 2－13 所示。

**经管人员一览表**

| 单位名称 | | | |
|---|---|---|---|
| 账簿名称 | | | |
| 账簿页数 | 从第　页起至第　页止共　页 | | |
| 启用日期 | 年　月　日 | | |
| 会计机构负责人 | | 会计主管人员 | |
| 经管人员 | 经管日期移交日期 | | |
| 接办人员 | 接管日期监交日期 | | |

**图 2－12　人员一览表**

**账簿目录**

| 科目编号和名称 | 页号 | 科目编号和名称 | 页号 |
|---|---|---|---|
| | | | |

**图 2－13　账簿目录**

（2）登记会计账簿必须及时准确、日清月结，文字和数字的书写必须清晰整洁。

（3）手工记账不得使用铅笔、圆珠笔，必须使用蓝、黑墨水笔，其中，红色墨水只能用于登记收入负数、划线、改错、冲账。

（4）会计账簿必须按照编定的页数连续记载，不得隔页、跳行。如因工作疏忽发生隔页或跳行时，应当将空页、空行划线注销，并由记账人员签字盖章。

（5）会计账簿应根据经审核的会计凭证登记。记账时，将记账凭证的编号记入账簿内；记账后，在记账凭证上用“√”符号予以标明，表示已经将其入账。

(6) 会计账簿如填写错误，不得随意更改，应当按照规定的方法采用划线更正法、红字冲正法或补充登记法进行更正。

(7) 各种账簿记录应该按月结账，计算出本期发生额和期末余额。

## 三、会计账簿的错误更正方法

由于记账人员疏忽或其他原因，会计账簿很有可能出现填写错误的现象，在这种情况下，不得采用挖补、涂抹、刮擦或修正液等方法来弥补，而必须按照规定的方法进行更正。

### （一）划线更正法

划线更正法是在错误的文字或数字正中横划一条红线表示注销，然后将正确的文字或数字用蓝字写在划线的上面，并在更正处加盖记账人员的图章。

这种方法适合于在结账之前，发现账簿记录文字或数字的错误，而记账凭证本身没有错误。

### （二）红字更正法

红字更正法是指在原错记的账户中用红字冲减原来的数字，再在应记的账户中补记相同的数字，并在更正处加盖记账人员的图章。具体做法是，先用红字填制一张与原错误记账凭证内容完全相同的记账凭证，并根据这张凭证以红字入账，然后再用蓝字填制一张正确的记账凭证，并根据这张凭证以蓝字入账。

这种方法适合于在月份结账后，发现账簿登记串户，但记账凭证并无错误的情况。另外，如果由于记账凭证错误而使账簿登记发生错误的，则不论在月份结账前后均使用这种方法。

## 四、账簿的更换与保管

账簿更换是在会计年度末，将本年旧账更换为下年度新账。

更换新账的方法是：在年终结账时，将需要更换的账簿的各账户的年末余额直接过入新启用的有关账户中去，不需要编制记账凭证。

更换新账时，要注明各账户的年份，然后在第一行日期栏内写明“1 月 1 日”，在摘要栏注明“上年结转”，把账户余额写入“余额”栏内，在此基础上登记新年度的会计事项。

账簿在更换新账后（除跨年使用的账簿外），其他账簿应按时整理归入会计档案保管。账簿归入会计档案进行保管的具体要求如表2－8所示。

**表2－8 账簿归入会计档案的保管**

| 归档阶段 | 具体工作要求 |
|---|---|
| 账簿装订前 | 首先按账簿启用表的使用页数核对账户是否相符，账页是否齐全，序号排列是否连续；然后，按会计账簿、账簿启用表、账户目录和排序整理好的账页进行装订 |
| 账簿装订 | 装订活页账簿时，将账页填写齐全，除去空白页和账夹，并加具封底封面；多栏式活页账、三栏式活页账、数量金额式活页账等，应按同类业务、同类账页装订在一起；在装订账页的封面上填写账簿的类别，编好卷号，由会计主管人员、装订人或经办人签章 |
| 账簿装订后 | 会计账簿应牢固、平整，不得有折角、缺角、错页、掉页、加空白纸的现金；会计账簿的封口要严密，封口处要加盖印章；封面应齐全、平整，并注明所属年度及账簿名称、编号，编号要一年一编，编号顺序是总账、现金日记账、银行存款日记账、分类明细账；旧账装订完毕后，按规定要求进行保管 |

# 第四节 会计报表

行政单位的会计报表是根据相关会计凭证以及账簿，采用一定的方法、按照一定的格式编制的反映行政单位在某一时点的财务状况，在某一会计期间的收入、支出情况和财产变动情况等的书面报告。

## 一、行政单位会计报表的种类

根据反映经济内容的不同，行政单位的会计报表划分为以下几种。

### （一）资产负债表

资产负债表反映的是行政单位在某一会计时点的财务状况，是资产、负债和净资产情况的总括反映。这一会计时点一般是期末，可以是月末、季末和年末。

### （二）收入支出表

收入支出表反映的是行政单位在某一会计期间的收入与支出情况，以反映其业务活动的成果。这一会计期间一般是月份、季度和年度。

### （三）预算执行情况表

预算执行情况表是行政单位根据预算内容编制的反映预算执行情况的书面报告。编制预算执行情况表有利于行政单位对比预算数与实际数，找出差异及原因，提高资金使用效率；有利于行政单位的上级单位评价其管理层的经营管理能力，以及对行政单位的绩效考核。

### （四）财务状况变动表

财务状况变动表是反映行政单位在某一期间内财务状况变动的书面报告，是对该期间内行政单位财务状况变动的具体描述。这一会计期间一般是月份、季度和年度。

另外，根据编报的时间，行政单位的会计报表可分为旬报、月报、季报和年报；按编制范围，又可分为本级报表和汇总报表。

## 二、行政单位会计报表的编制要求

行政单位的会计报表是行政单位经济业务的基本反映，也是供上级考核的基本依据。行政单位编制会计报表时必须遵循以下要求。

### （一）会计报表中的数字必须真实、完整

“真实”是指会计报表所反映的经济事项都是行政单位客观发生的，据以反映的数字没有虚构成分；“完整”是指会计报表反映了行政单位的所有经济业务情况，据以反映的数字没有遗漏任何经济事项。真实、完整要求行政单位会计报表没有高估或低估经济事项。

### （二）会计报表中的数字计算必须准确

行政单位会计报表中的数字除了要符合真实、完整性要求外，还必须计算准确，保证会计报表各项目以及各会计报表之间的勾稽关系。

### （三）报送及时

报送及时要求行政单位在会计期间结束时及时编制会计报表，并如期报出会计报表。

由于行政单位的具体经济业务内容存在一定的差异，所以，会计报表在格式、编报项目等方面也有所不同。

# 第五节 账务处理程序

账务处理程序是指各种会计凭证和账簿之间的登记程序。在不同的单位中，设置不同的会计凭证和账簿，它们之间有着不同的联系和登记程序。账务处理程序有很多种，目前，行政单位大多采用科目汇总表的账务处理程序。科目汇总表账务处理程序如图 2－14 所示。

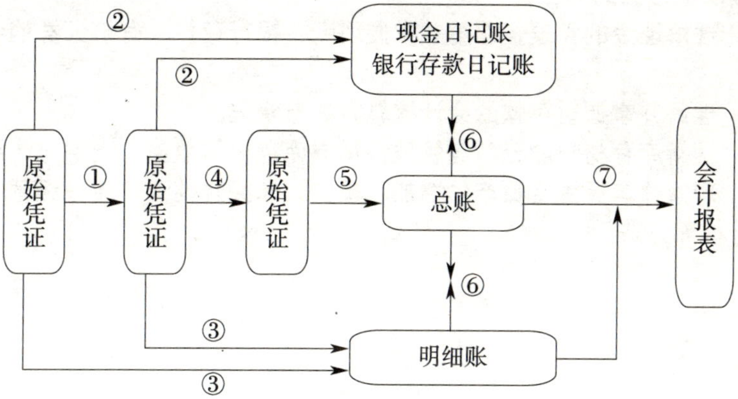


**图 2－14　科目汇总表账务处理程序**

（1）根据原始凭证（或原始凭证汇总表）填制记账凭证。

（2）根据有关货币资金的原始凭证及记账凭证登记现金日记账和银行存款日记账。

（3）根据原始凭证及记账凭证登记各种明细账。

（4）根据记账凭证编制总账科目汇总表。

（5）根据总账科目汇总表登记总账。

（6）各种日记账、明细账同总账的有关账户进行核对。

（7）根据总账和明细账编制会计报表。

经济业务较少的单位，可以采用记账凭证的账务处理程序，即直接根据记账凭证登记总账，不编制总账科目汇总表。

账务处理程序并不是固定不变的。各单位可根据本身经济业务繁简、人员分工等情况确定账务处理程序中的某些具体问题。合理组织账务处理程序，不但可以使会计工作有条不紊地进行，而且可以提高会计工作效率，保证会计核算质量。

# 第三章　行政单位资产的会计核算

## 全章纵览

本章主要介绍行政单位资产的会计核算，通过本章相关知识的学习，应掌握以下方面的内容：

1. 理解现金的管理，理解并掌握现金、银行存款、有价证券的会计核算方法。

2. 理解并掌握暂存款的会计核算方法与管理。

3. 理解库存材料的分类与管理，掌握库存材料数量的确定与计价。

4. 理解并掌握固定资产的增加、减少，非经营性资产转作经营性资产的会计核算方法。

## 第一节　货币资金

行政单位的货币资金包括库存现金、各种银行存款及有价证券。其中，银行存款包括信用卡存款、银行汇票存款、外埠存款、本票存款等。

### 一、现金的会计核算

#### （一）现金的管理

行政单位的现金指库存现金，即存放于单位内部，用于日常零星开支的货币资金。在行政单位的所有资产中，现金流动性最大，最能够直接转化为其他资产。加强现金的管理对保护其安全完整、防止意外或损失有着极为重要的意义。对现金的管理包括外部约束制度和内部控制制度，分为以下六个方面的内容。如表 3－1 所示。

表 3－1 我国现金管理制度

| 事 项 | 主要内容 |
|---|---|
| 现金使用范围的限定 | 国务院《现金管理暂行条例》对现金的用途作了规定，除该限定范围内的开支可以用现金支付外，其他开支必须通过银行转账支付。《现金管理暂行条例》规定的现金使用范围为：<br>（1）支付职工工资、各种工资性津贴；<br>（2）支付个人劳务报酬，包括稿费、讲课费及其他专门工作的报酬；<br>（3）支付给个人的各种奖金，包括根据国家规定颁发给个人的各种科学技术、文化艺术、体育等各种奖金；<br>（4）各种劳保、福利费用以及国家规定的对个人的其他现金支出；<br>（5）向个人收购农副产品和其他物资支付的价款；<br>（6）出差人员必须随身携带的差旅费；<br>（7）现金支付的结算起点以下的零星支出；<br>（8）确实需要现金支付的其他支出。<br>目前，行政单位的职工工资采用财政直接支付，行政单位不再用现金支付职工的基本工资。由于职工都开设了工资账户，行政单位发放的各种津贴、奖金、福利费用等，大多数都可以从零余额账户直接划转到职工个人账户中，因此，行政单位使用现金的范围越来越小 |
| 库存现金的限额管理 | 行政单位为了应付日常的零星开支，需经常保持一定数量的库存现金。为防止现金积压，控制国家货币发行量，国家银行对各行政单位实行限额管理，各单位就库存现金的数量提出申请，经开户银行审批，核定限额。行政单位不得超出限额提取现金。库存现金限额原则上以 3～5 天的日常开支量为准。因业务量变化单位需调整库存现金时，应向开户银行申请报批 |
| 不准坐支现金 | 坐支现金是指从现金收入中直接支付现金。各行政单位支付现金时，可以从库存现金中支付，也可以从开户银行的存款中提取现金支付，但不能坐支现金。但经批准少量非业务性质的现金收入，可以抵补库存现金限额 |
| 钱账分管 | 各行政单位支付现金时，应由专职或兼职的出纳人员办理，会计和出纳工作要实行分管，会计管账不管钱，出纳不管账 |
| 严格现金收付手续 | 收到现金时，应给交款人出具正式收据。付出现金时，要在付款的原始凭证上加盖“付讫”戳记，以防止凭证重复报销。在办理现金收付业务中，必须严格办理手续，防止漏洞，对于收付现金的各种原始单据，根据各单位具体情况，由会计或出纳人员审核，并由出纳人员按月连续编号，作为现金出纳账的顺序号 |
| 其他规定 | 行政单位现金收、支、存方面，除了遵守上述几个规定外，还需遵守：现金不准借给私人；不准白条抵库；不能编造和谎报用途套取现金；不能将单位的现金收入作为个人储蓄存入银行；不准私设“小金库”保存账外现金；必须如实反映现金库存情况；收付现金时要及时记账；对于每天办理的业务，做到日清月结，保证账款相符等 |

## （二）现金的会计核算

为了核算库存现金，应设置“现金”科目。现金收支的会计处理如图3－1所示。

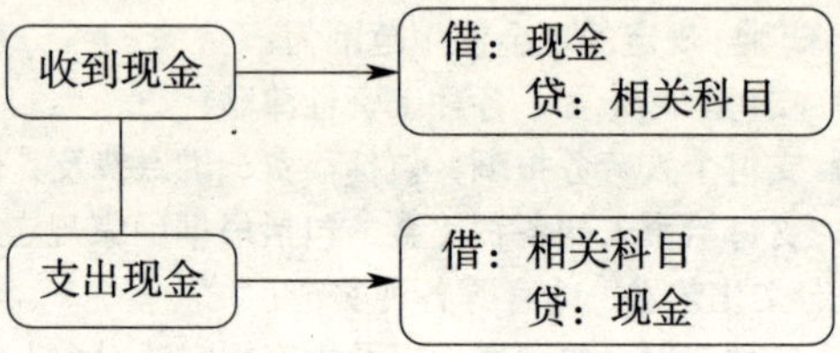


**图3－1 “现金”的会计处理**

本科目借方余额反映行政单位库存现金的数额。行政单位应设置“现金日记账”，由出纳人员根据收付款凭证，按照业务的发生顺序逐笔登记。每日终了，应计算当日的现金收入合计数、支出合计数和结余数，并将结余数与实际库存数核对，做到账实相符。有外币现金的行政单位，应分别按人民币、外币设置“现金日记账”，进行明细核算。

**案例解析**

**【例3－1】** 某行政单位10月份发生如下现金收支业务。

（1）10月1日，开出现金支票从银行提取现金1 200元作为备用金。其会计分录为：

借：现金　　1 200
　　贷：银行存款　　1 200

（2）10月8日，本机关工作人员王欣因公出差预支现金400元。其会计分录为：

借：暂付款　　400
　　贷：银行存款　　400

（3）10月12日，用现金240元购买办公用品。其会计分录为：

借：经费支出　　240
　　贷：现金　　240

（4）10月15日，王欣报销差旅费300元，退回现金100元。其会计分录为：

借：经费支出　　300
　　现金　　100
　　贷：暂付款　　400

(5) 10月25日，将本日超出库存现金160元送交银行。其会计分录为：

借；银行存款　　160

　贷：现金　　160

## （三）现金的清查

为了及时准确地反映库存现金的余额，加强监督，保护现金的安全，出纳人员每日应对现金进行清点，单位内部审计人员也应定期或不定期地检查，将现金实有数与账面金额核对。

清点中如果发现现金实有数与账面金额不符，按下面程序办理，如图3－2所示。

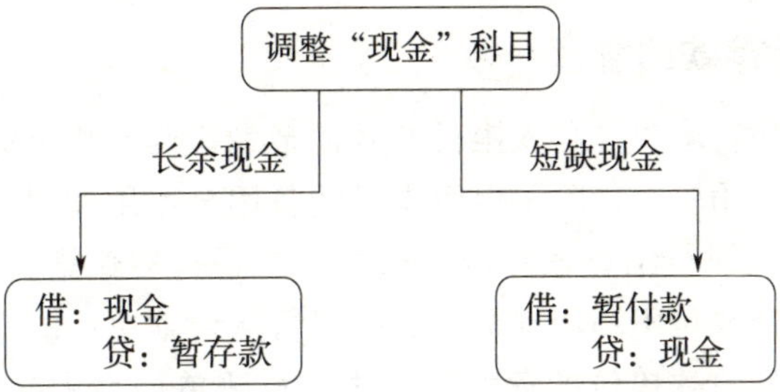


**图3－2　现金实有数与账面金额不符的会计处理**

不符款项留待原因查明后应进行转销。转销通常有两类：一类是原因能够查明的，则作相应的处理；另一类是原因无法查明的，则经单位领导批准后，转作支出或应缴预算款。

**案例解析**

**【例3－2】** 某行政单位盘点库存现金时，发生如下会计事项。

(1) 盘点库存现金，发现库存数比账面数短少36元，因暂时无法查明原因，先作暂付款处理。其会计分录为：

借：暂付款　　36

　贷：现金　　36

(2) 经查明分析，短少的现金是由于工作失误所致，经单位领导批准，同意作经费支出报销。其会计分录为：

借；经费支出——其他费用　　36

　贷：暂付款　　36

（3）盘点库存现金，发现库存的账面数多60元，暂时无法查明原因，先作暂存款处理。其会计分录为：

借：现金　　60

　　贷：暂存款　　60

（4）经查明，多余的现金不属于本单位所有，也没找到失主，经领导批准作无主款处理，转作应缴预算款。其会计分录为：

借：暂存款　　60

　　贷：应缴预算款　　60

## 二、银行存款的会计核算

### （一）银行存款的管理

银行存款是指行政单位存入银行和其他金融机构的货币资金。国家规定，一切行政单位的货币资金，除了保留少量的备用金可用作现金收支的款项外，其余现金应该存入银行结算账户内，通过银行进行转账结算。转账结算，就是单位之间的款项收付不动用现金，而由银行从付款单位的银行存款账户中，将应付款项划拨到收款单位的存款账户中。行政单位为了办理货币资金的收付和结算，应在当地银行开立存款账户。在办理银行存款的存款和转账业务时，企业必须遵守现金管理办法和结算制度的规定，并根据经过审核无误的原始凭证填制银行存款收款凭证和银行存款付款凭证，并据以进行银行存款的总分类核算和序时核算。

行政单位必须严格执行银行存款的开户管理，禁止多头开户。预算经费应由财务部门统一在同级财政部门或上级主管部门指定的国家银行开户，不得自行转移资金。

### （二）银行存款的会计核算

为了反映和监督行政单位存入银行及其他金融机构的各种款项，应设置“银行存款”科目。如图3－3所示。

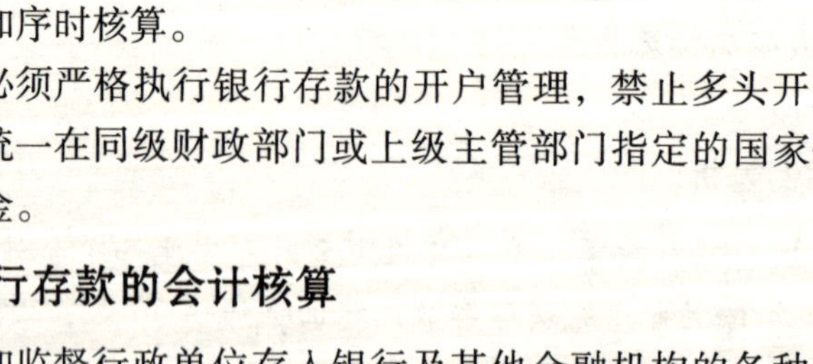


**图3－3　“银行存款”的会计处理**

**案例解析**

**【例3-3】** 某行政单位购买办公用品3 000元，根据现金支票填制记账凭证，作会计分录如下：

借：经费支出——办公费　3 000

　　贷：银行存款　3 000

行政单位应按开户银行、存款类别等，分别设置“银行存款日记账”，如表3-2所示，由出纳人员根据收付款凭证，按照业务的发生顺序逐笔登记，每日终了结出余额。

**表3-2 银行存款日记账**

第　页

| 年 | | 凭单号 | 摘要 | 对方科目名称 | 借方 | 贷方 | 金额 |
|---|---|---|---|---|---|---|---|
| 月 | 日 | | | | | | |
| | | | | | | | |
| | | | | | | | |
| | | | | | | | |
| | | | | | | | |

银行存款日记账余额与银行对账单每月至少核对一次，目的是发现差错并找出未达账项，保证银行存款的真实、准确，保护单位资金的安全。

单位银行存款日记账余额与银行对账单余额不符的原因，除了记账错误外，多是未达账项的存在。所谓未达账项是由于单位与银行取得银行凭证的时间差异而造成两者入账时间的差异。具体有以下四种情况。

（1）单位已经收款入账，银行尚未收款入账。如单位收到支票，按银行进账单回单记账，而银行尚未收到付款银行的款项，未登记存款的增加。

（2）单位已经付款入账，银行尚未付款入账。如单位开出支票付款，按支票存根记账，而银行尚未收到支票，未登记存款的减少。

（3）银行已经收款入账，单位尚未收款入账。如委托银行收款，银行已经收款入账，但单位未拿到银行的收款通知，未登记银行存款的增加。

（4）银行已经付款入账，单位尚未付款入账。如单位委托银行代付的电话费，银行已经付款入账，单位未收到银行付款凭证，未登记银行存款的减少。

上述四种情况，无论发生哪一种情况，都会使单位与银行的账面余额不符，为了消除由于未达账项造成的影响，单位需编制银行存款余额调节表。用公式表示如下：

$$\frac{\text{企业银行存款}}{\text{日记账余额}}\text{（企业银行存款日记账余额）}+\text{银行已收入账企业尚未入账的账款}-\text{银行已付入账企业尚未入账的账款}$$

$$=\text{银行对账单余额}+\text{企业已收入账银行尚未入账的账款}-\text{企业已付入账银行尚未入账的账款}$$

### 案例解析

【例3-4】 某教育局2011年11月份银行存款日记账余额340 000元，银行对账单余额293 200元，经过对账发现以下未达账项。

（1）11月30日，单位收到某制药厂转账支票，由该厂资助的老师奖励基金50 000元，已取得银行进账单回单并入账，银行未收到对方银行的转账凭证，未登记单位存款的增加。

（2）11月30日，单位开具现金支票支付个人劳务费1 800元，单位按支票存根记账，而银行尚未收到支票，未登记存款的减少。

（3）银行已经收取的下属某学院水费2 900元收款入账，但单位未拿到银行的收款通知，未登记银行存款的增加。

（4）银行已经支付单位委托银行代付的网络费1 500元，银行已经付款入账，单位未收到付款凭证，未登记银行存款的减少。

根据上述业务，编制银行存款余额调节表，如表3-3所示。值得指出的是，上述业务编制的银行存款余额调节表，只是找出单位银行存款日记账余额与银行对账单余额不符的原因，不能作为编制记账凭证调整账簿记录的依据。账簿的调整，银行与单位都必须以实际到达的银行结算凭证为依据，只要单位与银行都全部入账了，且没有记账错误，银行存款日记账余额与银行对账单的余额一定相符。

**表3-3 银行存款余额调节表**

2011年11月30日

| 摘要 | 金额 | 摘要 | 金额 |
|---|---|---|---|
| 银行日记账余额 | 340 000 | 银行对账单余额 | 293 200 |
| 加：银行已收，单位未收款项 | 2 900 | 加：单位已收，银行未收款项 | 50 000 |
| 减：银行已付，单位未付款项 | 1 500 | 减：单位已付，银行未付款项 | 1 800 |
| 调节后余额 | 341 400 | 调节后余额 | 341 400 |

## （三）外币存款的会计核算

有外币存款的行政单位，应在“银行存款”科目下分别设置人民币和外币“银行存款日记账”，进行明细核算。行政单位发生的外币银行存款业务，应将外币金额折合为人民币，并登记外国货币金额和折合率。

汇率有直接汇率和间接汇率两种表示方法。直接汇率是以一定单位的外国货币可兑换本国货币的金额表示；间接汇率是以一定单位的本国货币可兑换外国货币的金额表示。我国采用直接汇率。

例如，一件价值100元人民币的商品，如果美元对人民币汇率为8.25，则这件商品在国际市场上的价格就是12.12美元。如果美元汇率涨到8.50，也就是说美元升值，人民币贬值，该商品在国内市场上的成本实际上是降低了，直接使它在国际市场上的价格降低。反之，如果美元汇率跌到8.00，也就是说美元贬值，人民币升值，必将有利于美国出口商品。同样，美元升值而人民币贬值就会有利于中国商品对美国的出口。

年度终了（外币存款业务量大的机关可按季或月结算），行政单位应将账户余额按照期末市场汇率折合为人民币，作为外币账户的期末人民币余额。调整后的外币账户人民币余额与原账面余额的差额，应作为汇总损益，列入有关收支科目。

**案例解析**

**【例3-5】** 某行政单位银行存款户发生如下业务。

（1）收到外事服务收入1 000美元，当日人民币与美元的汇率为1美元兑换6.27元人民币。其会计分录为：

借：银行存款——美元户　　6 270

　　贷：其他收入　　6 270

（2）该行政单位发生外事服务支出500美元，当日人民币与美元的汇率为1美元兑换6.20元人民币。其会计分录为：

借：经费支出　　3 100

　　贷：银行存款——美元户　　3 100

（3）年末，人民币与美元的汇率为1美元兑换6.30元人民币，该行政单位美元户存款余额为500美元（1 000－500），汇兑损失为20元人民币（6 270－3 100）－500×6.30。计算过程如图3－4所示。

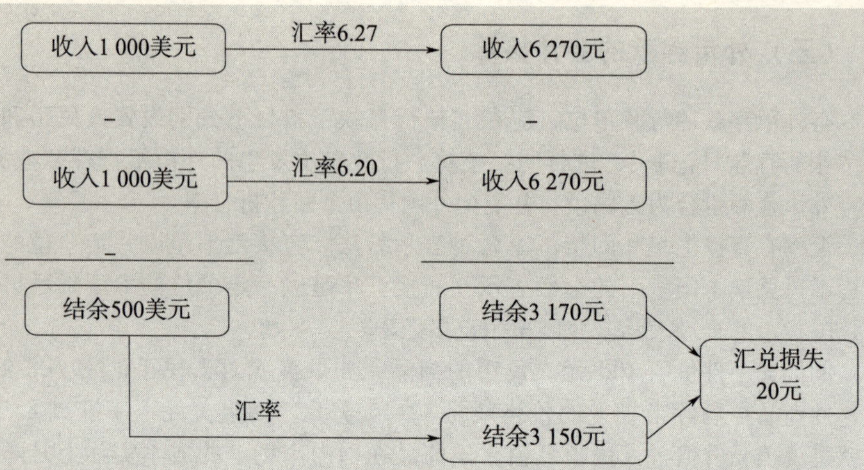


**图3-4　汇兑损失**

其会计分录为：

借：经费支出　　20

　　贷：银行存款——美元户　　20

## 三、有价证券的会计核算

### （一）有价证券的管理要求

有价证券是国家和企业依照法定程序发行的，约定在一定时期内还本付息的信用凭证。行政单位的有价证券是指行政单位用结余资金购买的国债。

行政单位购买有价证券，必须按国家有关规定办理。

（1）行政单位只能购买中央财政发行的国家公债，不能购买其他有价证券。

（2）行政单位购买有价证券的资金来源，只能是有权自行支配的结余资金，不能因购买有价证券而影响履行行政职责的财力保证。

（3）行政单位购买有价证券，不能列作支出预算。

（4）有价证券的利息收入和转让证券取得的收入与账面成本的差额，记入当期收入，反映在“其他收入”账户中。不能作为福利费处理或设立“小金库”。

（5）行政单位购入的有价证券，应视同货币资金一样保管，做到账券相符。

## （二）有价证券的会计核算

行政单位设置“有价证券”账户，核算行政单位购入的有价证券。该账户属于资产类账户，借方登记购入的各种有价证券的实际成本，贷方登记出售有价证券时或到期收回债券的成本，期末借方余额反映尚未兑付的有价证券本金数。如图 3-5 所示。

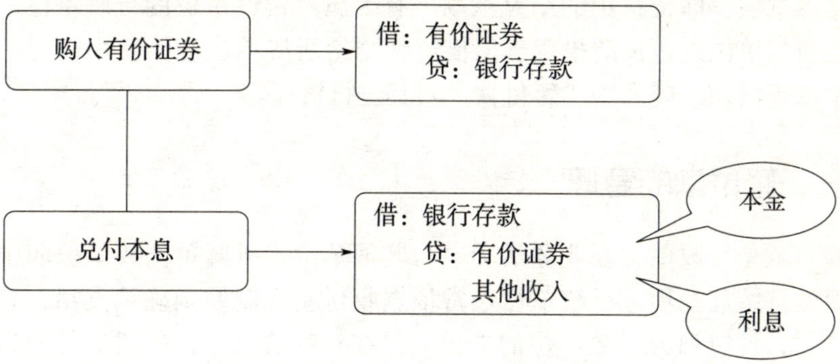


**图 3-5 “有价证券”的会计处理**

行政单位购入有价证券时，按照实际支付的款项，借记“有价证券”账户，贷记“银行存款”账户；兑付本息时，借记“银行存款”账户，贷记“有价证券”账户（本金）和“其他收入”账户（利息）。

**案例解析**

**【例 3-6】** 某行政单位发生如下有关有价证券的会计事项。

（1）4 月 1 日，用经费结余资金购入 20 000 元国库券，以转账方式支付。其会计分录为：

| | | |
|---|---|---|
| 借：有价证券 | 20 000 | |
| 　　贷：银行存款 | | 20 000 |

（2）5 月 31 日，原购入的 20 000 元国库券到期，利息为 8 400 元。其会计分录为：

| | | |
|---|---|---|
| 借：银行存款 | 28 400 | |
| 　　贷：有价证券 | | 20 000 |
| 　　　　其他收入 | | 8 400 |

# 第二节　暂付款

行政单位在日常活动中发生一些结算款项，其中，最常见的是应核销而未核销的款项，即待核销的结算款项。有附属经营性单位的行政单位，还会发生对所属单位进行长期投资、出借周转金给所属单位有偿使用或者一些临时性借款等活动，应采用“暂付款”对其进行核算。

## 一、暂付款的管理

暂付款是行政单位在业务活动中与其他单位、所属单位或单位职工发生的临时性待结算款项。行政单位通常依据收付实现制原则确认支出，只要款项已支付，就应列为行政单位的支出，但在有些情况下，款项支付的当时无法确定其具体的支出项目，或无法确定其具体使用金额，或是为了对支付款项的使用实施必要的监督，在支付款项的当时并不列作支出，而是取得借据，规定在一定日期内结算报销，确定支出的内容和金额后列作行政单位的支出，或转为其他项目。这类暂付款通常包括非政府采购的预付设备款、预付材料款、职工预借的差旅费等。

为加速资金周转，提高资金使用效率，避免坏账损失，行政单位应加强对暂付款的管理。行政单位对暂付款业务应严格控制规模，健全手续，及时清理。各种暂付款项应按核定的预算或计划，取得手续完备的借据，经核实后支付；暂付款项只能用于与行政单位公务活动有关的开支，不得用于私人借支，也不能借给没有预算关系的单位；各项暂付款，原则上应一借一清，前借未清的，原则上不得再借；属于临时性往来借欠款要及时结算，不得长期挂账。

## 二、暂付款的会计核算

为了核算和监督行政单位发生的待核销的结算款项，在会计核算上，应设置“暂付款”科目。

本科目借方余额反映尚待结算的暂付款累计数，本科目应按债务单位或个人名称设置明细账。如图 3 – 6 所示。

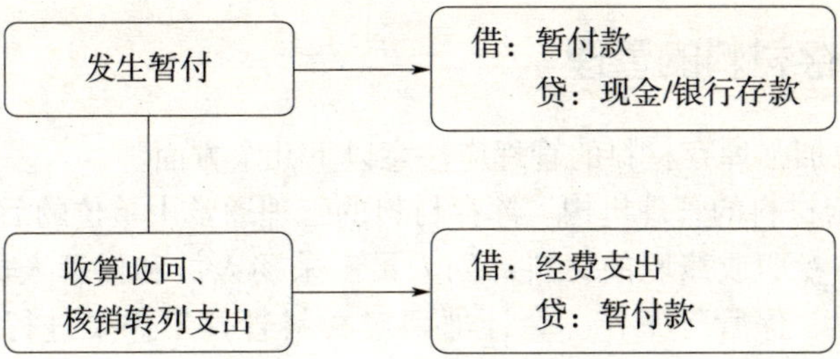


**图 3－6 “暂付款”的会计处理**

**案例解析**

**【例 3－7】** 某行政单位的暂付款业务如下。

(1) 职工王永报销上月借出的差旅费，原借款 6 000 元，实际开支 6 200 元，补付现金 200 元。

借：基本经费支出 6 200
　　贷：暂付款 6 000
　　　　现金 200

(2) 按合同预算办公楼大修施工单位劳务款 8 000 元，从零余额账户支付。

借：暂付款 8 000
　　贷：零余额账户用款额度 8 000

# 第三节 库存材料

行政单位的库存材料是指大宗购入在仓库存放，并陆续耗用的行政用物资材料。如大宗办公用品、专用材料、燃料及低值易耗品，及工具、器具等。它们一般都具有在使用过程中实物形态发生改变或消失的特点，低值易耗品的实物形态在使用中通常不发生改变，但因使用寿命短或价值较低，也列入材料的范围。

行政单位随买随用，或非大宗购入、不需入库存放的材料，在购入时即可按购入数列为支出。但是对于购入数量较多，陆续耗用的材料物资，为了加强管理，购入时应列为资产，领用出库时才列作行政单位的支出。对于这类库存材料需加强管理，单独进行核算。本节主要介绍这类材料的管理和核算。

## 一、库存材料的管理

行政单位加强库存材料的管理应注意以下几个方面。

（1）健全材料的管理机构。库存材料的管理通常由单位的后勤部门负责，各单位应配备专职或兼职的材料计划人员、采购人员和保管人员，做好材料的采购、入库、保管等工作。会计部门对材料管理工作要进行指导和监督，协助材料管理部门管理好材料。

（2）建立严格的库存材料管理责任制度。各单位应建立和健全材料计划、采购、验收、保管、领发的责任制度，明确各自的权限和责任，各司其职，各负其责。

（3）加强库存材料的清查盘点工作。行政单位的材料每年至少清点一次，保证材料的安全和完整，做到账实相符。如发生盘亏、盘盈，应当查明原因，分清责任。

（4）建立和完善库存材料的定额管理。为了促使单位合理储备、节约使用材料，各单位应当逐步建立材料的储备定额，有条件的单位还可建立重点材料的定额消耗。

## 二、库存材料的分类

行政单位材料品种繁多，各自的用途、特点也不尽相同，为了做好材料核算工作，加强材料管理，应对材料按不同的标准加以分类。如表 3－4 所示。

**表 3－4　库存材料的分类**

| 分类标准 | 主要内容 | |
|---|---|---|
| 按经济用途分 | 办公材料 | |
| | 运输材料 | |
| | 工具器具 | |
| 按存放地点分 | 库存材料 | 库存材料是指单位存放在自有库房及寄存在外库等全部自有的材料 |
| | 在途材料 | 在途材料是指单位已支付材料款取得其所有权，但尚未运到或点验的处于运输途中的材料等 |

## 三、库存材料的盘点

行政单位材料期末数量的确定，是计算材料期末结存金额的关键，是材料计价的基础。确定材料的实有数量有实地盘存制和永续盘存制两种方法，如表3－5所示。

**表3－5 库存材料的盘点**

| 确定方法 | 说明 | 公式 |
| --- | --- | --- |
| 实地盘存制 | 又称定期盘存制，是根据对材料的定期清查盘点结果来确定材料期末数量的盘存核算方法。<br>采用实地盘存制，应在收到材料时，依据有关原始凭证在材料明细账上逐笔登记，但发出材料时，不进行账面记录。期末通过对材料的实地盘点，将盘点结果作为材料期末账面结存数量的依据，并按一定的计价方法计算出期末材料金额，最后倒挤出本期材料的发出数和金额 | 本期减少（发出）数量＝期初账面结存数量＋本期增加（收入）数量－期末账面结存数量 |
| 永续盘存制 | 又称账面盘存法，指进行明细记录，对每种材料的收发进行逐笔逐日登记，以便随时反映其结存数量 | 期末账面结存数量＝期初账面结存数量＋本期增加（收入）数量－本期减少（发出）数量 |

**案例解析**

**【例3－8】** 某行政单位A材料期初结存200公斤，金额为100元，本期收入400公斤，金额为200元，本期发出500公斤，期末结存100公斤，金额为50元。

根据上述资料，按照实地盘存法计算发出材料成本为：本期发出材料金额＝100＋200－50＝250（元）。

实地盘存法平时只登记增加金额，不登记减少金额，因此，大大简化了材料核算工作，但这种方法存在以下缺点：

（1）不能随时反映各种材料的收支结存数，只有通过定期盘点、计量才能计算出发出数量，因此，不利于材料的计划与控制。

（2）凡属于未计入期末材料结存数中的材料，都视为已经发出。任何由于浪费、盗窃和各种自然损耗等原因所发生的损失，都隐匿在材料发出数量之中（发出成本之中），因此，不利于加强材料的管理。

采用永续盘存制，虽然工作量较大，但可弥补实地盘存制的缺点。采用永续盘存制，并不排除实地盘存制。为了确定账实相符情况和材料物资盈亏情况，单位仍需于会计期末对实物进行全面盘点。

## 四、库存材料的计价

### （一）入库材料的计价

入库材料的计价包括购入的材料按买价计价，有偿调入的材料按调拨价计价。

对于行政单位采购材料、运输过程中发生的差旅费、运杂费，为了简化核算手续，直接作为有关费用支出处理，而不计入材料价格中。

### （二）发出材料的计价

确定库存材料的数量之后，还需确定“单价”，在实际业务中，由于每次购进材料的单价不一样，则需要选择适用的单价。按照现行制度规定，单位按照实际成本核算材料时，领用或发出材料可采用先进先出法、加权平均法、后进先出法和个别计价法等方法确定其实际成本。

#### 1. 先进先出法

先进先出法是以先购进的材料先消耗为假定前提，并根据这一假定对领用的材料及结存的材料进行计价的一种方法。其特点是，期末结存材料的账面价值反映后购进材料的实际成本。

在先进先出法下，收入材料时要逐笔登记购进的每一批材料的数量、单价和金额；发出时按先进先出的原则确定单价，逐笔登记材料的发出和结存金额。先进先出法用于永续盘存制时，可确定材料的数量。

**案例解析**

**【例3-9】** 某行政单位12月份购入、发出及结存某种材料的情况如表3-6所示。

**表3-6 购入、发出材料表**

数量单位：件　　　　金额单位：元

| 日期 | | 摘要 | 入库 | | | 出库 | | | 结存 | | |
|---|---|---|---|---|---|---|---|---|---|---|---|
| 月 | 日 | | 数量 | 单价 | 金额 | 数量 | 单价 | 金额 | 数量 | 单价 | 金额 |
| 12 | 1 | 期初库存 | | | | | | | 100 | 6.4 | 640 |
| 12 | 3 | 购货 | 200 | 6.2 | 1 240 | | | | 300 | | |
| 12 | 4 | 领用 | | | | 110 | | | 190 | | |
| 12 | 11 | 领用 | | | | 50 | | | 140 | | |
| 12 | 20 | 购货 | 50 | 6.6 | 330 | | | | 190 | | |
| 12 | 27 | 领用 | | | | 120 | | | | | |
| | | | 250 | | 785 | 280 | | | 70 | | |

（1）当月领用材料金额为：（100×6.4）+（180×6.2）=640+1 116=1 756（元）。

（2）该行政单位月末计算当月结存材料的金额为：50×6.6+20×6.2=454（元）。

（3）结存材料的平均单价为：454÷70=6.48（元/件）。

**2. 加权平均法**

加权平均法是按购入各批材料的平均成本对材料进行计价。在计算平均成本时，以月初库存材料金额加上本月购入材料金额，除以月初库存材料数量加上本月购入材料数量，求得材料平均单价，作为本月发出材料和结存材料的单价。材料平均单价的计算公式为：

加权平均单价=（月初库存材料金额+本月购入材料金额）/（月初库存材料数量+本月购入材料数量）

发出材料成本=本期发出材料数量×加权平均单价

期末结存材料成本=期末结存材料数量×加权平均单价

**案例解析**

**【例3-10】** 沿用【例3-9】的资料，按加权平均法计算出12月份材料的平均单价。

（1）12月份材料的平均单价为：（320+620+165）/（100+200+50）=3.16（元/件）。

（2）12月份发出的材料金额为：（320+620+165）-221.2=883.8（元）。

（3）12月份结存材料的金额为：70×3.16=221.2（元）。

加权平均法在材料品种、数量较多的情况下，简化了计价核算手续，材料计价结果也较均衡。但是，由于加权平均单价只在月末计算一次，不能随时计算、登记材料的发出和结存成本，因此，不利于行政单位对材料的日常管理。

**3. 个别计价法**

个别计价法，亦称个别认定法、具体辨认法、分批实际法，其特征是，注重所发出存货具体项目的实物流转与成本流转之间的联系，逐一辨认各批发出存货和期末存货所属的购进批别或生产批别，分别按其购入或生产时所确定的单位成本计算各批发出存货和期末存货的成本。即把每一种存货的实际成本作为计算发出存货成本和期末存货成本的基础。对于不能替代使用的存货、为特定项目专门购入或制造的存货以及提供的劳务，通常采用个别计价法确定发出存货的成本。

## 五、库存材料的会计核算

行政单位用“库存材料”科目核算大宗购入的用于行政业务的各种材料、物资，以及达不到固定资产标准的工具、器具等。本科目借方余额反映行政单位材料的实际库存款。会计处理如图 3－7 所示。

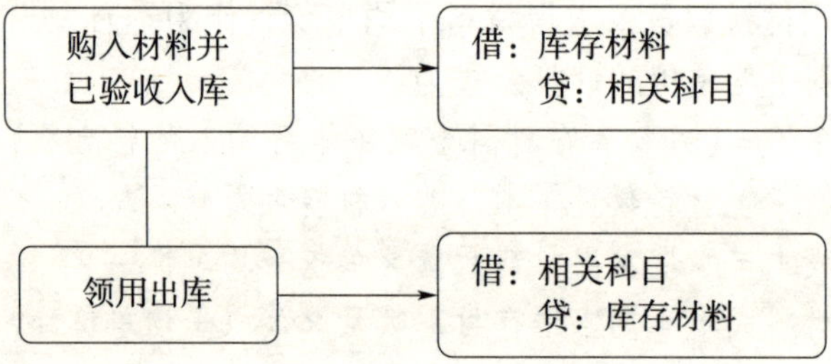


**图 3－7　“库存材料”科目会计处理**

“库存材料”科目应按材料的类别、品种等有关项目设置明细账，并根据材料入库、出库单逐笔登记，库存材料明细账如表 3－7 所示。

**表 3－7　库存材料明细账**

第　页

类别：　　品名：　　计量单位：　　规格：

| 年 | | 凭单号 | 摘要 | 单价 | 借方 | | 贷方 | | 余额 | |
|---|---|---|---|---|---|---|---|---|---|---|
| 月 | 日 | | | | 数量 | 金额 | 数量 | 金额 | 数量 | 金额 |
| | | | | | | | | | | |
| | | | | | | | | | | |
| | | | | | | | | | | |

行政单位材料的会计核算通常由会计部门和材料管理部门共同进行。会计部门利用“库存材料”科目进行总分类核算，即核算材料的收入、发出、结存的金额总量；材料管理部门负责材料明细账的会计核算，登记材料收、付、结存的数量和金额。

### （一）材料收入的会计核算

行政单位的采购人员依据材料采购计划采购各种材料。已购入需入库的材料，由材料管理人员验收后方可入库。验收人员在查验无误后，应在有关凭单上加盖“验收”戳记和验收人名章，并填制入库单一式两份，一份自存作为登记材料明细账的依据；一份连同购货的原始单据送会计部门，据以填制记账凭证登记总分类账。会计部门审核入账，并办理相应的结算手续。

**1. 现购材料**

现购材料是指行政单位收到材料并验收入库时，结清了货款及其他各项费用。

**案例解析**

**【例3－11】** 某行政单位购入材料400千克，每千克30元，共计12 000元，税款2 040元，款项已用支票付讫，又用现金支付装卸费400元。材料已验收入库。其会计分录为：

借：库存材料　　14 040（注：14 040＝12 000＋2 040）

　　贷：银行存款　　14 040

借：经费支出　　400

　　贷：现金　　400

**2. 预付货款购进材料**

预付货款购进材料是指根据购销合同，预付一定数额的定金，待以后收到材料时再结算全部货款。

**案例解析**

**【例3－12】** 某行政单位以银行存款预付大华公司12 000元购进甲材料。待材料验收入库时，支付其余的款项11 400元。其会计分录如图3－8所示。

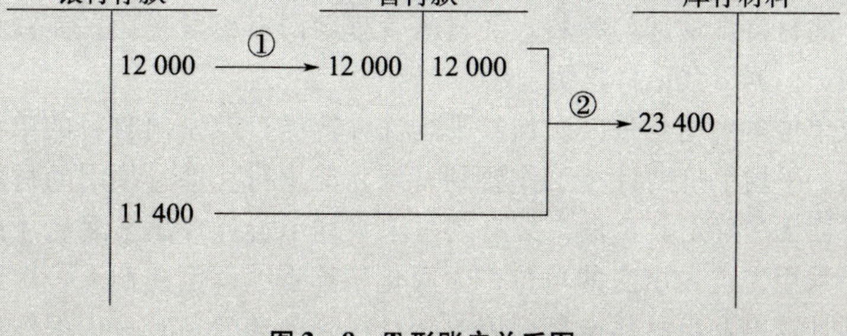


**图3－8　T形账户关系图**

(1) 预付款时：

借：暂付款　　12 000

　　贷：银行存款　　12 000

(2) 材料入库时：

借：库存材料——甲材料　　23 400

　　贷：暂付款　　12 000

　　　　银行存款　　11 400

3. **赊购材料**

赊购材料是指材料已验收入库，但尚未支付材料款。

**案例解析**

**【例3-13】** 某行政单位购进乙材料，价款（含税）70 200元，款未付，另以现金支付运杂费2 000元。其会计分录如下。

(1) 购入乙材料时：

借：库存材料　　70 200

　　贷：暂存款　　70 200

(2) 用现金支付运杂费2 000元时：

借：经费支出　　2 000

　　贷：现金　　2 000

(3) 支付乙材料价款70 200元时：

借：暂存款　　70 200

　　贷：银行存款　　70 200

## （二）材料发出的会计核算

行政单位用料部门在领用材料时，应填制领料单，经领料部门负责人审核盖章，向材料管理部门领料。经材料管理部门审核发料后，在领料单上加盖发讫戳记，据以登记材料明细账。

行政单位多采用全月一次加权平均法计算结存及发出材料的单价，采用这种方法，平均单价的计算工作要到月末才能进行，平时领用的材料只能登记数量，而无法确定其金额，只有到月末平均单价计算出来之后才能登记发出金额。采用先进先出法的单位，为简化核算手续，也在期末一次计算结存金额，并计算出发出材料金额。因此，材料管理部门平时只依据领料单登记库存材料明细账的数量，月末根据领料单汇总编制发出材料汇总表，计算并登记本月结存及发出材料的金额，连同领料单送至财务部门，财务部门审核后，根据发出材料汇总表的发出材料金额及用途进行总分类核算。

行政单位可将多余的材料变价处理，以节约资金。采用加权平均法的单位因发出材料的单价通常到月底才能计算出来，而变价处理又需计算变价损益，因此，变价处理的材料可按上月末材料的单价计算其金额。当月月底计算发出材料金额中扣减变价处理的材料金额，便为领用材料的价值。行政单位变价处理材料发生的损益，应相应增减当期有关支出。

案例解析

**【例 3－14】** 某行政单位材料发出业务如下。

(1) 出售一批多余的库存办公用品取得现金 640 元，办公用品账面价值 700 元。

| | | |
|---|---|---|
| 借：现金 | 640 | |
| 基本经费支出 | 60 | |
| 贷：库存材料 | | 700 |

(2) 根据材料管理部门交来的材料汇总表编制记账凭证，本月行政业务领用甲材料金额 3 440 元，办公楼大修领用乙材料 15 116 元。

| | | |
|---|---|---|
| 借：基本经费支出 | 6 880 | |
| 贷：库存材料——甲材料 | | 6 880 |
| 借：项目支出 | 15 116 | |
| 贷：库存材料——乙材料 | | 15 116 |

## （三）库存材料清查的会计核算

为保证材料账面价值与实际结存数额相符，行政单位每年至少应盘点一次库存材料。如果发现实际库存数与账面记录不相符，应及时调整材料的账面记录，使之与实存数一致。同时，对于盘盈、盘亏等情况，在原因未查明之前，应列入“暂存款”或“暂付款”；查明原因之后，属于正常的损耗或溢出，报经单位领导批准，作为增加或减少当期相应支出处理，若属于非正常毁损，则依据单位或上级领导的决定作相应处理。

案例解析

**【例 3－15】** 某行政单位年终盘点库存材料，结果发现盘盈、盘亏情况如下：盘盈甲材料 20 千克，单价 30 元；盘亏乙材料 10 千克，单价 10 元。已报单位领导批准，作为增加或减少当期支出处理。其会计分录如下。

（1）盘盈甲材料时：

| | | |
|---|---|---|
| 借：库存材料——甲材料 | 600 | |
| 　　贷：经费支出 | | 600 |

（2）盘亏乙材料时：

| | | |
|---|---|---|
| 借：经费支出 | 100 | |
| 　　贷：库存材料——乙材料 | | 100 |

### （四）材料变价处理

为了压缩材料库存，节约材料资金的占用，行政单位对于多余不用的材料应及时调拨或变价处理。材料变价处理，增加存款。变价发生损益，相应增减当期相关支出。

**案例解析**

**【例3－16】** 某行政单位出售积压的甲材料150千克，收到价款2 800元，存入银行。该材料的实际成本为3 000元。该项业务的会计分录为：

| | | |
|---|---|---|
| 借：银行存款 | 2 800 | |
| 　　经费支出——其他费用 | | 200 |
| 　　贷：库存材料——甲材料 | | 3 000 |

# 第四节　固定资产

## 一、固定资产概述

行政单位的固定资产是完成行政任务必需的物质条件。固定资产是指使用年限在一年以上，单位价值在规定标准以上，并在使用过程中基本保持原有物质形态的资产。包括房屋及建筑物、专用设备、一般设备、文物和陈列品、图书及其他固定资产。对于单价虽然未达到规定标准但使用时间在一年以上的大批同类物资，应作为固定资产核算，如图书馆的图书等。

### （一）固定资产的特征

固定资产主要有如下特征：

第一，固定资产是行政单位正常公务活动中拥有的实物资产，供单位使用，而不是供出售的资产。

第二，固定资产具有有限使用寿命，当寿命终结时必须废弃或进行重置。

第三，固定资产的价值来自取得合法财产使用权的交换能力，而不是来自履行契约。

第四，固定资产是非货币性资产，使用期限较长，一般在一年以上。固定资产能在连续若干生产周期中发挥作用，并保持其原有的实物形态。

第五，固定资产的单位价值比较大。

### （二）固定资产的分类

行政单位的固定资产种类较多，规格不一，为了加强对固定资产的管理，便于组织会计核算，有必要进行科学、合理的分类。固定资产的分类必须与日常管理结合起来，分类是否科学、合理，对固定资产的管理和核算都有直接影响。

行政单位的固定资产主要是房屋及建筑物、交通工具、办公设备、文物及陈列品、图书等。必须从管理需要和核算要求进行分类，常用的分类方法有按使用情况分类、按经济用途分类、按经营情况分类、按会计报表编制要求分类。具体内容如表 3－8 所示。

**表 3－8 固定资产的分类**

| 分类标准 | 主要内容 | 定义 | 评价 |
| --- | --- | --- | --- |
| 按固定资产使用情况分类 | 在用固定资产 | 在用固定资产是指使用中的固定资产，包括正在使用中的固定资产和修理中的固定资产以及季节性暂时停用的固定资产 | 这种分类，反映固定资产的实际利用情况，能发现固定资产使用中的浪费问题，有利于加强购置管理或进行调剂、出售等，促使单位合理使用固定资产，发挥资产的使用效能 |
| | 闲置固定资产 | 闲置固定资产是指不使用的固定资产，包括多余的固定资产、不适用的固定资产和待报废的固定资产 | |

（续表）

| 分类标准 | 主要内容 | 定义 | 评价 |
|---|---|---|---|
| 按固定资产经济用途分类 | 房屋及建筑物 | 房屋包括行政单位拥有的办公用房、生活用房（食堂、医务用房、职工宿舍等）、库房等；建筑物包括水塔、道路、围墙、雕塑等 | 这种分类反映行政单位固定资产的组成结构，已有的固定资产是否与单位公务活动相适应，有利于加强固定资产的合理配置，更好地使用预算资金 |
| | 专用设备 | 专用设备是指因业务需要购置的具有特定专业用途的设备，如侦察设备、检测设备、监控设备、气象设备、防空设备等 | |
| | 一般设备 | 一般设备是指单位通用设备，如电脑、打印机、复印机、传真机、家具、汽车、摩托车、电动车等 | |
| | 文物和陈列品 | 文物和陈列品包括行政单位接管、接受捐赠、购置的具有特别价值的文物和陈列品，如古物、字画、纪念品等 | |
| | 图书 | 图书专指行政单位在图书室、阅览室里长期存放的图书，不包括各单位办公室中购买的业务用书 | |
| | 其他固定资产 | 其他固定资产指上述各类未包含的固定资产 | |
| 按经营情况分类 | 非经营性固定资产 | 非经营性固定资产是指行政单位为完成公务和开展业务活动所占有、使用的固定资产 | 这种分类反映行政单位对闲置固定资产用于经营的情况，有利于加强资产的管理和对经营资产收入的监督 |
| | 分成两份 | 经营性固定资产是指行政单位用于从事盈利性活动的固定资产 | |
| 按会计报表编制要求分类 | （如表3－9所示） | | |

按会计报表编制要求分类的固定资产如表3－9所示。

**表3－9 按会计报表编制要求分类的固定资产明细表**

<table>
<tr><td colspan="12">固定资产</td></tr>
<tr><td colspan="6">在用固定资产</td><td colspan="6">闲置固定资产</td></tr>
<tr><td colspan="6">一、房屋建筑物</td><td colspan="6">一、房屋建筑物</td></tr>
<tr><td colspan="3">（一）房屋</td><td colspan="3">（二）建筑物</td><td colspan="3">（一）房屋</td><td colspan="3">（二）建筑物</td></tr>
<tr><td colspan="3">1. 办公用房</td><td colspan="3">1. 围墙</td><td colspan="3">1. 办公用房</td><td colspan="3">1. 围墙</td></tr>
<tr><td colspan="3">2. 职工宿舍</td><td colspan="3">2. 道路</td><td colspan="3">2. 职工宿舍</td><td colspan="3">2. 道路</td></tr>
<tr><td colspan="3">3. 特殊业务用房</td><td colspan="3">3. 雕塑</td><td colspan="3">3. 特殊业务用房</td><td colspan="3">3. 雕塑</td></tr>
<tr><td colspan="3">4. 其他用房</td><td colspan="3">4. 其他建筑物</td><td colspan="3">4. 其他用房</td><td colspan="3">4. 其他建筑物</td></tr>
<tr><td colspan="6">二、专用设备</td><td colspan="6">二、专用设备</td></tr>
<tr><td colspan="6">三、一般设备</td><td colspan="6">三、一般设备</td></tr>
<tr><td colspan="2">（一）交通工具</td><td colspan="2">（二）办公设备</td><td colspan="2">（三）其他设备</td><td colspan="2">（一）交通工具</td><td colspan="2">（二）办公设备</td><td colspan="2">（三）其他设备</td></tr>
<tr><td colspan="2">1. 小轿车</td><td colspan="2">1. 计算机</td><td colspan="2">1. 电视机</td><td colspan="2">1. 小轿车</td><td colspan="2">1. 计算机</td><td colspan="2">1. 电视机</td></tr>
<tr><td colspan="2">2. 中型客车</td><td colspan="2">2. 打印机</td><td colspan="2">2. 音响</td><td colspan="2">2. 中型客车</td><td colspan="2">2. 打印机</td><td colspan="2">2. 音响</td></tr>
<tr><td colspan="2">3. 大客车</td><td colspan="2">3. 复印机</td><td colspan="2">3. 摄像机</td><td colspan="2">3. 大客车</td><td colspan="2">3. 复印机</td><td colspan="2">3. 摄像机</td></tr>
<tr><td colspan="2">4. 货车</td><td colspan="2">4. 传真机</td><td colspan="2">4. 录像机</td><td colspan="2">4. 货车</td><td colspan="2">4. 传真机</td><td colspan="2">4. 录像机</td></tr>
<tr><td colspan="2">5. 其他汽车</td><td colspan="2">5. 扫描仪</td><td colspan="2">5. 投影仪</td><td colspan="2">5. 其他汽车</td><td colspan="2">5. 扫描仪</td><td colspan="2">5. 投影仪</td></tr>
<tr><td colspan="2">6. 摩托车</td><td colspan="2">6. 空调</td><td colspan="2">6. 运动器械</td><td colspan="2">6. 摩托车</td><td colspan="2">6. 空调</td><td colspan="2">6. 运动器械</td></tr>
<tr><td colspan="2">7. 船舶</td><td colspan="2">7. 家具</td><td colspan="2">7. 厨房设备</td><td colspan="2">7. 船舶</td><td colspan="2">7. 家具</td><td colspan="2">7. 厨房设备</td></tr>
<tr><td colspan="2">8. 其他</td><td colspan="2">8. 其他</td><td colspan="2">8. 其他</td><td colspan="2">8. 其他</td><td colspan="2">8. 其他</td><td colspan="2">8. 其他</td></tr>
<tr><td colspan="6">四、文物及陈列品</td><td colspan="6">四、文物及陈列品</td></tr>
<tr><td colspan="3">（一）文物</td><td colspan="3">（二）陈列品</td><td colspan="3">（一）文物</td><td colspan="3">（二）陈列品</td></tr>
<tr><td colspan="6">五、图书</td><td colspan="6">五、图书</td></tr>
<tr><td colspan="3">（一）图书室图书</td><td colspan="3">（二）阅览室图书</td><td colspan="3">（一）图书室图书</td><td colspan="3">（二）阅览室图书</td></tr>
<tr><td colspan="6">六、其他固定资产</td><td colspan="6">六、其他固定资产</td></tr>
<tr><td colspan="2"></td><td colspan="2"></td><td colspan="2"></td><td colspan="2"></td><td colspan="2"></td><td colspan="2"></td></tr>
</table>

行政单位在建立固定资产卡片时，应当按单个独立固定资产的名称建立卡片，不能按类别建立卡片，这是因为固定资产卡片要随实物转移，便于在固定资产出售、出租、报废等时进行会计处理。

## （三）固定资产的计价

固定资产计价，就是以货币表现固定资产的价值。为了如实地反映固定资产价值的增减变动，保证核算的统一性，各个单位应按照国家规定的统一计价原则，正确地对固定资产进行计价。

### 1. 固定资产的计价标准

固定资产的计价标准一般有以下两种。

（1）原始价值。原始价值也称原始购置成本或历史成本，是指单位购建某项固定资产达到可使用状态前所发生的一切合理、必要的支出。

（2）重置完全价值。重置完全价值也称现时重置成本，是指在当时的生产技术条件下，重新购建同样的固定资产所需要的全部支出。

应指出，由于行政单位的固定资产不计提折旧，因此，行政单位固定资产的计价不适用于净值（也称折余价值）这一标准。

### 2. 固定资产的入账价值

固定资产的入账价值如表 3－10 所示。

**表 3－10　固定资产的入账价值**

| 项目 | 入账价值的确定 |
| --- | --- |
| 购入、调入的固定资产 | 按买价、调拨价以及运杂费、保险费、安装费、车辆购置附加费入账 |
| 自行建造的固定资产 | 按建造过程中实际发生的全部支出入账 |
| 在原有固定资产基础上进行改扩建 | 按改扩建发生的支出，减去改扩建过程中发生的变价收入后的净增加值入账 |
| 接受捐赠的固定资产 | 同类固定资产的市场价格或者有关凭据入账，接受固定资产时发生的各项费用，应当记入固定资产的价值 |
| 无偿调入和旧存的固定资产 | 不能查明原价的，估价入账 |
| 盘盈的固定资产 | 按重置完全价值入账 |
| 已投入使用但尚未办理移交手续的固定资产 | 可先按暂估价值入账，待确定实际价值后再调整 |

已经入账的固定资产，除发生下列情况外，不得任意变动。

（1）根据国家规定对固定资产的价值重新估价的。

（2）增加补充设备和改良装置的。

（3）将固定资产一部分拆除的。

（4）根据实际价值调整原来暂估价值的。

（5）发现原来记录的固定资产价值有错误的。

## （四）固定资产的管理

固定资产的日常管理是指行政单位管理固定资产的连续性工作，贯穿于固定资产的申请购置、日常使用、维修、报废等全过程，应当做到“购置手续完备、保管责任到人、处置遵守程序”。具体管理事项如表3－11所示。

表3－11　行政单位固定资产的管理事项

<table>
<tr><th>管理要求</th><th colspan="2">主要内容</th></tr>
<tr><td rowspan="3">履行固定资产购置的审批手续</td><td rowspan="3">由于固定资产具有金额大、使用时间长的特点，以及国家对固定资产投资的宏观控制要求，对固定资产购置有规定的报批手续。随着国家预算管理体制的改革，还实行了政府采购制度，因此，对固定资产的购置主要有三项手续必须切实履行</td><td>社会集团购买力控购审批。行政单位购买的货物，如果涉及社会集团购买力控制的商品应当向控制社会集团购买力办公室报批。目前，行政单位需要办理社会集团控购审批的商品有20坐以下中型客车、小轿车</td></tr>
<tr><td>执行政府采购制度。政府采购是各级政府和实行预算管理的社会组织，为开展日常政务活动或出于为公众提供服务的需要，在财政监督下，以《政府采购法》及配套的法规为依据，按照特定的方法和程序，从国内外市场购买货物、出包工程、寻求服务的行为。采购范围分为三大类：（1）货物类，包括办公用品、机械设备、燃料、油料、公务车辆、体育健身器材、教学仪器、发电机组等；（2）工程类，包括由政府提供的系统集成及网络工程、消防工程、环境绿化工程、城市亮化工程、装饰装潢工程等；（3）服务类，包括会议、接待、印刷、保险、软件开发等各种服务。具体的采购目录由各级人民政府规定。采购一般程序为：由单位申请—政府委托采购中心集中招标采购—财政直接付款或单位付款</td></tr>
<tr><td>房屋建筑物的立项审批和预算、结算、决算制度。行政单位的房屋建筑物基建，应根据基本建设的规范要求，办理立项审批、设计预算、施工、竣工验收、交付使用、工程结算、竣工决算等一系列手续。一般情况下，基建项目都实行单独核算，执行《基本建设会计制度》，工程竣工决算后，移交给行政部门管理</td></tr>
</table>

（续表）

<table>
<tr><th>管理要求</th><th colspan="2">主要内容</th></tr>
<tr><td rowspan="4">执行固定资产保管责任到人的制度</td><td rowspan="4">固定资产的日常管理，应当实行“统一领导，分级负责，归口管理，责任到人”。这是管好固定资产的有效办法</td><td>统一领导。由单位分管领导统一组织、协调，办公室总务统一管理、财务统一核算</td></tr>
<tr><td>分级负责。单位领导负整体管理责任，相关部门负职责范围内的管理责任，使用人负直接保管责任</td></tr>
<tr><td>归口管理。由于固定资产的特殊性能等要求，有必要实行归口管理，如计算机网络、汽车等可以由计算机管理中心、车队管理。这种专业化的管理，有利于管好固定资产，从而发挥其应有的使用功能</td></tr>
<tr><td>责任到人。单位的固定资产直接由使用人负责保管，这是管好固定资产的最有效办法</td></tr>
<tr><td rowspan="6">遵循固定资产处置程序</td><td rowspan="6">行政单位固定资产的处置是资产管理的重要环节，必须按程序严格执行内部审批手续和程序。固定资产通常有报废、毁损、失窃、赠送、出售、无偿调出等情况</td><td>报废。固定资产报废应填制固定资产报废申请表，经过技术鉴定，获得报废审批</td></tr>
<tr><td>毁损。固定资产毁损应填制固定资产毁损报告单（附毁损处理文字意见），再由相关部门人员签批</td></tr>
<tr><td>失窃。固定资产失窃应先报案，根据受案部门意见，填制固定资产失窃报告单，再由相关部门人员签批</td></tr>
<tr><td>赠送。固定资产赠送由行政会议决定，再填制固定资产调拨单，经过相关部门人员签字，最后获得接受单位回执</td></tr>
<tr><td>出售和转作经营性投资。将固定资产出售和转作经营性投资，应由行政会议决定，再获得国有资产管理部门批准文件，填制固定资产调拨单，由相关部门人员签字，开具收款票据，最后交付固定资产</td></tr>
<tr><td>无偿调出。无偿调出固定资产应由行政会议决定，获得国有资产管理部门批准文件后，填制固定资产调拨单，由相关部门人员签字，交付固定资产，最后获得接受单位回执</td></tr>
<tr><td rowspan="2">加强固定资产清查和产权登记</td><td colspan="2">为了反映固定资产的实存情况，保证固定资产的安全完整，行政单位应当对固定资产每年进行一次清查盘点。对盘点中出现的盘盈、盘亏情况应查明原因，作出相应的处理，保证账实相符</td></tr>
<tr><td colspan="2">根据国有资产产权登记的有关规定，行政单位的固定资产发生变动，每年要到国有资产管理部门办理国有资产产权变更登记</td></tr>
</table>

## 二、固定资产的会计核算

行政单位的固定资产不提取折旧，固定资产占用的资金与日常业务开支的资金是分离的。这部分资金价值长期占用在固定资产上，不能再耗用于业务活动，它只随固定资产实体的增减而增减变化，在日常业务中不发生价值的转移。因此，行政单位对固定资产的会计核算必须同时设置“固定资产”科目及“固定基金”科目，反映固定资产状况和因固定资产占用资金而导致的资金用途受到限制的状况。如图3－9所示。

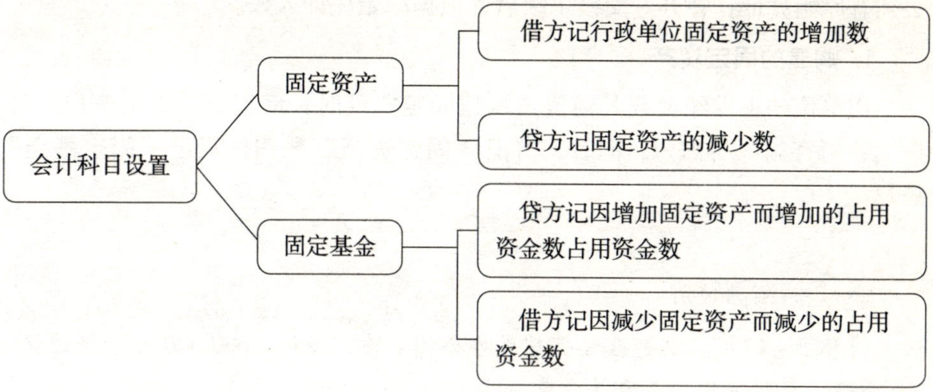


**图3－9 固定资产的核算科目**

行政单位只要持有固定资产，其相应部分资金的用途必然被限定，因此，“固定资产”科目与“固定基金”科目的变动金额必然相等，余额也一致。当行政单位增加固定资产时，应借记“固定资产”科目，贷记“固定基金”科目；当行政单位减少固定资产时，应贷记“固定资产”科目，借记“固定基金”科目，借贷金额相等。

“固定资产”科目应按固定资产类别设置明细科目，“固定基金”科目无须设置明细科目。行政单位的固定资产核算分别由会计部门和财产管理部门共同进行。会计部门负责总账和一级明细科目的核算；财产管理部门则负责分品种的固定资产明细核算，并设置“固定资产登记簿”或“固定资产卡片”，记录每项固定资产收入、发出和结存的数量和金额。如图3－10所示。

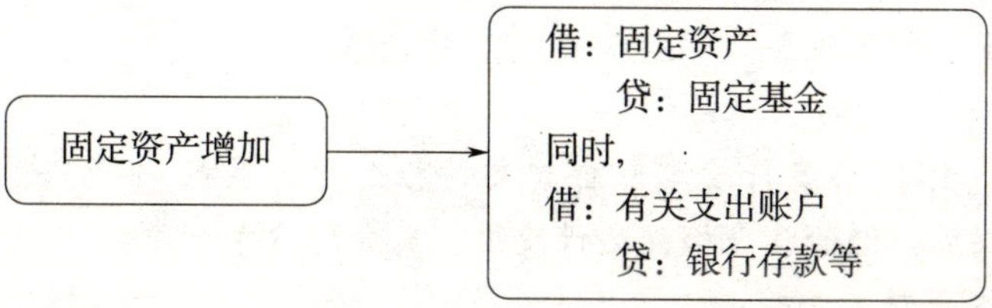


**图3－10 固定资产增加的会计处理**

## （一）固定资产的增加

行政单位固定资产的增加，一般有下列几种情况：基建完工移交的房屋、建筑物和设备；购入或自制的固定资产；经批准在系统内由其他单位作价调入或无偿调入的固定资产；其他如捐赠、盘盈等。单位在增加固定资产时，必须有原始凭证，在办好交接手续后，根据原始凭证入账。

### 1. 购建的固定资产

用单位的正常经费或其他资金购建固定资产时，借记有关支出账户，贷记“银行存款”等账户；同时，借记“固定资产”账户，贷记“固定基金”账户。

**案例解析**

【例3－17】 某行政单位建成办公楼1幢，造价2 000 000元，经过验收合格，交付使用。其会计分录为：

借：经费支出　　2 000 000

　　贷：银行存款　　2 000 000

同时，

借：固定资产——房屋和建筑物　　2 000 000

　　贷：固定基金　　2 000 000

【例3－18】 某行政单位购买3台计算机，价款23 000元，价款用支票付讫，货已验收。其会计分录为：

借：经费支出　　23 000

　　贷：银行存款　　23 000

同时，

借：固定资产——一般设备　　23 000

　　贷：固定基金　　23 000

【例3－19】 某行政单位自制文件柜5个，共耗用料工费5 000元，现已全部制成，经验收合格，交付使用。其会计分录如下。

（1）支付料工费时：

借：暂付款　　5 000

　　贷：现金（或银行存款）　　5 000

（2）制成交付使用时：

借：经费支出　　5 000

　　贷：暂付款　　5 000

同时，

借：固定资产——一般设备　　5 000

　　贷：固定基金　　5 000

### 2. 有偿调入的固定资产

行政单位接收有偿调入的固定资产，按固定资产的账面价值，借记“经费支出”账户，贷记“银行存款”账户；同时，借记“固定资产”账户，贷记“固定基金”账户。

**案例解析**

**【例3-20】** 某行政单位经主管部门批准，在系统内有偿调入计算机2台，价值12 000元。其会计分录为：

借：经费支出　　12 000

　　贷：银行存款　　12 000

借：固定资产——一般设备　　12 000

　　贷：固定基金　　12 000

### 3. 接受捐赠的固定资产

接受捐赠的固定资产，按评估价值确认，借记“固定资产”账户，贷记“固定基金”账户。对接受捐赠的固定资产过程中发生的各项费用及有关关税、运杂费等，一方面应记入有关支出账户，同时，记入“固定资产”和“固定基金”账户。

**案例解析**

**【例3-21】** 某机关接到国外友好单位赠送的轿车1辆，价值800 000元，同时，该机关支付关税和国内运杂费40 000元，已转账支付。其会计分录为：

借：固定资产　　840 000

　　贷：固定基金　　840 000

借：经费支出　　40 000

　　贷：银行存款　　40 000

## （二）固定资产的减少

固定资产的减少如图 3－11 所示。

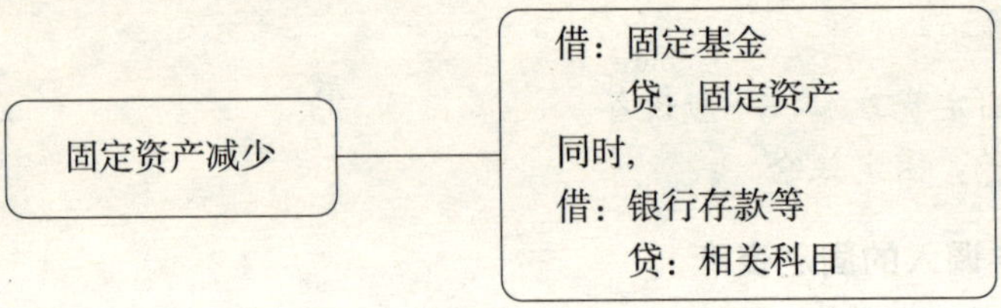


**图 3－11　固定资产减少的会计处理**

行政单位不进行经营活动，无须进行收入与费用的配比和价值的补偿，因而其固定资产不必计提折旧。行政单位固定资产的减少，一般有下列几种情况：正常报废和非正常损失报废的固定资产；按上级部门决定，无偿调出或作价调出的固定资产；盘亏的固定资产。

### 1. 固定资产的调出和变价出售

行政单位的固定资产，由于采购计划不周或计划的变更及其他各种原因，一部分固定资产闲置不用，应主动及时地按制度规定报经主管部门或财政部门批准，进行调拨或出售。

行政单位固定资产的调拨，一般实行有偿调拨。凡经批准对外调拨的固定资产，都应由单位的财产管理部门统一办理调拨手续。财产管理部门在调拨固定资产时，应填制固定资产调拨单，连同固定资产卡片，一并报送财务部门销账。

行政单位的固定资产，除闲置不用进行调拨外，有的固定资产由于各种原因，已不适合使用，需要变价出售。变价出售的固定资产，一般应按质论价，并把其价款作为单位的其他收入。

有偿调出、变卖的固定资产，按其账面价值销账，借记“固定基金”账户，贷记“固定资产”账户；同时，按实际收到的变价款项，借记“银行存款”账户，贷记“其他收入”账户。

**案例解析**

**【例 3－22】**　某行政单位发生将 1 台价值 7 000 元的计算机，有偿调拨给兄弟单位，价款 5 000 元，兄弟单位转账支付款项。凭“调拨单”填制记账凭证。其会计分录为：

借：固定基金　　7 000

贷：固定资产　　7 000

同时，

借：银行存款　　5 000

贷：其他收入　　5 000

**【例 3－23】** 某行政单位将 1 辆原价 300 000 元的汽车，作价 200 000 元出售，已办清有关银行转账手续。凭“调拨单”、“送款单”填制记账凭证。其会计分录为：

借：固定基金　　300 000

贷：固定资产　　300 000

借：银行存款　　200 000

贷：其他收入　　200 000

**2. 固定资产的报废、毁损**

行政单位的固定资产由于损耗或其他原因不能再使用时，应进行清理，办理报废、毁损手续。报废、毁损的固定资产，按规定的程序报经批准后，按账面价值销账。报废、毁损固定资产清理过程中发生的净收入，记入“其他收入”账户；清理过程中的净支出，记入“经费支出”账户。

**案例解析**

**【例 3－24】** 某行政单位经批准报废 1 台计算机，原价 20 000 元，变价收入 2 000 元，并以现金支付清理费用 180 元，已清理完毕。根据“固定资产报废单”和“送款单”填制记账凭证。其会计分录如下。

（1）按账面价值销账时：

借：固定基金　　20 000

贷：固定资产——一般设备　　20 000

（2）收到变价收入 2 000 元时：

借：银行存款　　2 000

贷：其他收入　　2 000

（3）支付清理费用 180 元时：

借：经费支出　　180

贷：现金　　180

【例3－25】 某行政单位报废一部汽车，账面价值260 000元，清理过程中发生残料变价收入2 000元，存入银行。会计分录为：

| | | |
|---|---|---|
| 借：固定基金 | 260 000 | |
| 贷：固定资产 | | 260 000 |
| 借：银行存款 | 2 000 | |
| 贷：其他收入 | | 2 000 |

【例3－26】 某行政单位拆除一座破旧简易房，账面价值8 000元，变价收入现金600元，支付雇用清理临时工劳务费800元。会计分录为：

| | | |
|---|---|---|
| 借：固定基金 | 8 000 | |
| 贷：固定资产 | | 8 000 |
| 借：现金 | 600 | |
| 贷：其他收入 | | 600 |
| 借：基本经费支出 | 800 | |
| 贷：现金 | | 800 |

## （三）非经营性资产转作经营性资产

### 1. 非经营性资产转作经营性资产的管理

行政单位非经营性资产是指行政单位为完成公务和开展业务活动所占有、使用的国有资产。行政单位经营性资产是指行政单位用于从事盈利性活动的资产。非经营性资产转作经营性资产是指行政单位在保证完成本单位正常工作的前提下，按照国家有关政策规定，在不改变所有权性质的情况下，将非经营性资产采取出租、承包（包括内部承包）、对外投资、兴办经济实体等多种经营形式从事盈利性活动的经济行为。行政单位非经营性资产转作经营性资产的实物表现主要是固定资产。

行政单位非经营性资产转作经营性资产，必须按照规定，到国有资产管理机构办理相关手续，并符合相关规定。具体内容如表3－12所示。

表3－12 非经营性资产转作经营性资产的管理要求

| 要求项目 | 主要内容 |
|---|---|
| 申报材料准备 | 必须由非经营性资产占用单位提出申请，填报《行政单位国有非经营性资产转作经营性资产申报审批表》，经主管部门审核同意后，报同级财政部门审批。<br>报批时，应提交以下材料： |

（续表）

| 要求项目 | 主要内容 |
| --- | --- |
| 申报材料准备 | （1）可行性方案；<br>（2）拟开办经济实体章程草案；<br>（3）投资、入股、出租、出借等的意向书、草签的协议或合同；<br>（4）拟投出资产清单；<br>（5）近期财务报告；<br>（6）《产权登记证》；<br>（7）其他需提交的文件资料 |
| 材料审批过程 | 应当经省级财政部门核准的资产评估机构对其资产价值进行评估，报同级财政部门核准或备案后，办理有关手续 |
| 产权登记手续 | 非经营性资产占用单位必须向同级财政部门办理资产转移和产权登记手续，并相应调整本单位资产、资金账目；该经济实体凭资产转移文件和国有资产产权登记证，办理注册资本验资 |
| 本单位管理 | 资产产权应在本单位账上单独反映，非经营性资产占有单位与经营性资产使用者必须依法签订合同或协议 |
| 财务管理要求 | 应纳入本单位财务管理，并应当依法纳税，净收入转作单位的其他收入，不得用于职工福利或私立“小金库” |
| 收回要求 | 转出或收回时，必须办理交接手续，并检查资产的完好性 |
| 占用费 | 占用费一般按行政单位实际投入经营的实物资产、无形资产、货币资金（含有价证券）等资产评估价值的3%～5%的年率征收。非经营性资产转作经营性资产用于兴办社会福利、安置残疾人就业或弥补教育经费不足等特殊情况的，经同级财政部门批准，可减免国有资产占用费 |
| 报送报表 | 应定期向同级财政部门报送有关财务及资产情况报表 |

### 2. 非经营性资产转作经营性资产的核算

行政单位涉及非经营性资产转作经营性资产的会计核算业务，主要有经营性投资、出租等形式。由于《行政单位会计制度》没有对经营性投资作出具体的规定，也没有专门设置诸如“长期投资”、“短期投资”之类的会计科目，所以，这类业务的会计核算需要用特殊的方法处理。

（1）固定资产经营性投资。

行政单位经营性投资因受行政单位不得经商办企业等相关规定的限制，不得直接对外投资，其投资一般是通过国有资产经营公司进行的。

行政单位经营批准将非经营性固定资产用于投资，必须经有资格的评估机构的资产评估。按评估确认价作为投资价值。按照历史成本原则和收付实现制原则，行政单位的固定资产投资因为没有现金的流入，既不能确定固定资产的升值，也不能确定收入。因此，对投资转出固定资产的会计核算按下面流程进行，如图 3－12 所示。

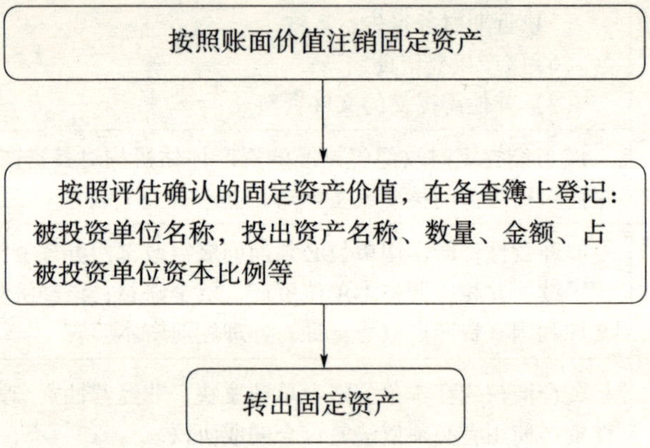


**图 3－12　转出固定资产的流程**

**案例解析**

**【例 3－27】** 2011 年 12 月 1 日，某市教育局经该市财政局批准，将在高教园区拥有的面积 30 亩，账面价值 180 万元的一块土地，委托该市国有资产经营有限公司与 A 房产公司共同投资设立一个后勤服务公司，公司注册资本 600 万元，土地使用权经评估确认作价 300 万元，A 房产公司出资现金 300 万元，各占 50% 的股份。相关会计分录如下。

（1）注销账面土地价值时：

借：固定基金　　1 800 000

　　贷：固定资产——土地　　1 800 000

（2）登记备查簿。备查簿的格式可根据实际情况设计，要满足管理上的要求。

（3）投资收益的会计核算。行政单位对外投资的收益，应作“其他收入”处理。假设本例中教育局从后勤服务公司分得利润 60 000 元，款项已收到并存入银行。其会计分录为：

借：银行存款　　60 000

贷：其他收入　　60 000

（4）缴纳国有资产占用费的会计核算。行政单位缴纳的国有资产占有费，按照配比原则，由于投资收益计入“其他收入”，其支出应作为经费支出处理。假设本例经财政局批准，按投资价值0.5%向财政局缴纳国有资产占用费15 000元，其会计分录为：

借：经费支出——经常性支出（其他）　　15 000

贷：银行存款　　15 000

（2）固定资产出租。

行政单位把闲置的固定资产出租，以获取租金为目的。对资产出租的会计核算，主要涉及租金收入的会计核算和出租资产的会计核算两个问题。

①固定资产出租收入核算。

行政单位出租的资产通常为房屋等固定资产。这类经营性出租的业务收入，按照我国税法规定应当依法纳税，因此，固定资产出租还涉及租金收入与交纳税金问题。

行政单位固定资产出租的租金收入是一种临时经营，不需要办理纳税登记，在业务发生时，直接到税务机关开具租金发票，当场交纳税金，如房屋出租收入需要交纳营业税、城市建设维护税、教育费附加、水利建设基金、房产税等。

行政单位会计制度没有专门设置核算税金的会计科目，其交纳的税金直接计入相关收入，资产出租收入记入“其他收入”。

**案例解析**

**【例3-28】** 2011年12月1日，某行政单位出租车库给某公司，按协议租期24个月，租金12 000元。房屋面积50平方米，账面价值40 000元。已收到租金存入银行，并在当地税务局开具了房屋出租专用发票，开出工行转账支票划入农行临时纳税专用账户，当场交纳了税金2 118元，其中：营业税600元，城市建设维护税42元，教育费附加24元，水利建设基金12元，房产税1 440元。会计分录如下。

（1）收到租金：

借：银行存款——工行存款　　12 000

贷：其他收入　　12 000

（2）工商银行划转农业银行存款：

借：银行存款——农行存款　　2 118

贷：银行存款——工行存款 2 118

(3) 缴纳税金：

借：其他收入 2 118

　　贷：银行存款——农行存款 2 118

②出租固定资产的会计处理。

行政单位出租固定资产不涉及所有权的变更，在会计核算上不减少资产和相应的基金，只作资产归类变动处理。主要有两种方法。

第一种，将资产划分为非经营性资产和经营性资产分别记账的单位，【例3－28】出租房屋应作如下会计分录：

借：固定资产——经营性固定资产（房屋） 40 000

　　贷：固定资产——非经营性固定资产（房屋） 40 000

第二种，出租资产的原账簿记录保持不变，另设“经营性资产备查登记簿”。如表3－13所示。【例3－28】登记出租资产情况的单位，作资产备查登记处理。

**表3－13　经营性资产备查登记簿**

类别：出租房屋　　　　编号：××

| 承租人 | ××公司 | | |
|---|---|---|---|
| 出租日期 | 2011年12月1日 | | |
| 租金总额 | 12 000 | 到期日 | 2013年11月30日 |
| 出租资产名称 | 车库 | 地点： | ××路×号 |
| 面积（平方米） | 50 | 原值（元） | 40 000 |
| 备注 | 租房协议编号××号 | | |

(3) 固定资产出包经营。

行政单位固定资产出包经营是指本单位利用率不高或难管理并相对独立的具有对外服务功能的资产，出包给个人或单位经营，如打印设备、汽车等。采用这种方式经营的资产，不涉及所有权的变更，主要是承包费收入核算和出包资产的会计核算。

①承包费收入的核算。

行政单位将资产出包给承包人经营，应当签订资产承包协议，协议除了承包费等主要内容外，对承包经营期间的税金交纳问题必须明确由哪一方承担。由于税金承担方不同，对承包费收入的会计处理也有所不同。

**案例解析**

**【例3－29】** 2011年12月1日，某行政单位将打印室承包给个人经营，税金包含在承包费内，由出包方交纳。协议商定承包费每月500元，定额税金100元。出纳开出收款收据，收到用现金交纳的承包费500元，该行政单位当日用现金交纳了税款。会计分录如下。

(1) 收到承包费时：

借：现金 500

贷：其他收入 500

(2) 交税时：

借：其他收入 100

贷：现金 100

**【例3－30】** 2011年12月1日，某行政单位将打印室承包给个人经营，税金由承包方交纳。协议商定承包费每月500元。出纳开出收款收据，收到用现金交纳的基本承包费400元。会计分录如下：

借：现金 400

贷：其他收入 400

②出包固定资产的会计处理。

行政单位的固定资产不涉及所有权的变更，在会计核算上不减少资产和相应的基金，只作资产归类变动处理。主要有两种方法。

第一，将资产划分为非经营性资产和经营性资产分别记账的单位，需通过编制转账分录处理。

**案例解析**

**【例3－31】** 假如【例3－30】出包的打印室设备有：联想电脑5台，账面金额40 000元，夏普激光打印机4台，账面金额16 000元，三星复印机2台，账面价值60 000元。会计分录如下：

借：固定资产——经营性固定资产（一般设备） 116 000

贷：固定资产——非经营性固定资产（一般设备） 116 000

第二，保持固定资产的原账簿记录不变，另设“经营性资产备查登记簿”，登记出包资产情况的单位。【例3－31】则作资产备查登记处理，如表3－14所示。

表 3-14　经营性资产备查登记簿

类别：出包设备　　　　编号：2008201

| 承租人 | ××× | | |
| --- | --- | --- | --- |
| 出租日期 | 2011 年 12 月 1 日 | | |
| 承包费 | 400 元/月 | 交费日 | 每月第一个工作日 |
| 出包资产名称 | 数量（台） | 原值（元） | 存放地点 |
| 联想电脑 | 5 | 40 000 | ××× |
| 夏普激光打印机 | 4 | 16 000 | ××× |
| 三星复印机 | 2 | 60 000 | ××× |
| 合计 | 11 | 116 000 | |
| 备注 | 承包协议编号××，定额税金 100 元由×××自行交纳 | | |

# 第四章　行政单位负债的会计核算

## 全 章 纵 览

本章主要介绍行政单位负债的会计核算，通过本章相关知识的学习，应掌握以下方面的内容：

1. 理解应缴预算款的主要内容和管理要求，掌握应缴预算款的会计核算方法。

2. 理解应缴财政专户款的主要内容和管理要求，理解预算外资金管理的主要内容，掌握应缴财政专户款的会计核算方法。

3. 理解暂存款的管理，掌握暂存款的会计核算方法。

## 第一节　应缴预算款

### 一、应缴预算款的概念与主要内容

应缴预算款是行政单位在业务活动中依照国家法律、法规取得并纳入预算管理的款项。应缴预算款的主要内容如表 4－1 所示。

### 二、应缴预算款的管理

应缴预算款是纳入财政预算管理的款项，为了管好应缴预算款，行政单位必须遵循以下管理要求。

（1）依法收取。应缴预算款涉及的罚没款、政府性基金、行政性收费等都必须依照法律、法规收取，不得超越法律、法规自行立项，不得随意收取。

**表 4－1　应缴预算款的主要内容**

| 类别 | 主要内容 | | |
|---|---|---|---|
| 纳入预算管理的政府性基金收入 | 纳入预算管理的政府性基金是中央、省级政府为发展国民经济和保障社会生活等由预算管理的基金。<br>目前，纳入预算管理的政府基金有中央收入的政府性基金、地方收入的政府性基金和中央与地方共享收入的政府性基金 | 中央收入的政府性基金 | 三峡工程建设基金 |
| | | | 铁路建设基金 |
| | | | 碘盐基金 |
| | | | 港口建设费 |
| | | | 邮政补贴专项基金 |
| | | | 煤代油基金 |
| | | | 水运客货运附加费 |
| | | | 外贸发展基金 |
| | | | 国家茧丝绸发展风险基金 |
| | | | 中央所属企事业单位文化事业建设费 |
| | | | 中央水利建设基金 |
| | | | 旅游发展基金 |
| | | | 援外合资合作项目基金 |
| | | | 对外工程承包保函风险基金 |
| | | 地方收入的政府性基金 | 养路费 |
| | | | 公路客货运附加费 |
| | | | 散装水泥专项基金 |
| | | | 墙体材料专项基金 |
| | | | 铁路建设附加费（福建省） |
| | | | 能源建设基金（山西省） |
| | | | 农村教育附加费 |
| | | | 地方教育基金 |
| | | | 地方所属企事业单位文化事业建设费 |
| | | | 地方教育费附加 |
| | | | 基本养老保险基金 |
| | | | 失业保险基金 |
| | | | 医疗保险基金 |
| | | | 工伤保险基金 |
| | | | 生育保险基金 |
| | | | 新菜地开发基金 |
| | | | 地方水利建设基金 |
| | | | 库区维护基金 |
| | | | 库区移民后期扶持基金 |
| | | | 农业发展基金 |
| | | | 水资源补偿费 |
| | | | 土地出让金 |
| | | | 土地收益金或土地增加费 |
| | | | 残疾人就业保险金 |
| | | | 帮困资金 |
| | | | 农牧业税附加 |
| | | | 城镇公用事业附加 |
| | | | 燃油附加费（海南省） |

（续表）

| 类别 | 主要内容 | | |
|---|---|---|---|
| | | 中央与地方共享的政府性基金 | 民航机场管理建设费 |
| | | | 农网还贷资金 |
| | | | 中央和地方所属企事业单位文化事业建设费 |
| | | | 国家电影事业发展专项基金 |
| | | | 育林基金 |
| | | | 灌溉水源灌排工程补偿费 |
| | | | 库区建设基金 |
| | | | 库区后期扶持基金 |
| | | | 新增建设用地土地有偿使用费 |
| 纳入预算管理的行政性收费收入 | 指行政单位在行使管理职能的过程中，依据国家法律、法规向公民、法人和其他组织收取的行政性费用。根据有关规定，行政性收费实行中央、省两级审批制度。省以下各级人民政府及其部门无权审批设立行政性收费项目或调整收费标准 | 如各级公安、司法、民政、工商行政管理等行政单位为发放各种证照、簿册等向有关单位和个人收取的工本费、手续费、商标注册费、企业登记注册费、公证费等费用 | |
| 罚没收入 | 指各级司法机关、行政执法机关和经济管理部门依据国家法律、法规，对公民、法人和其他组织实施经济处罚所取得的各项罚款、没收款、没收财物的变价收入以及应上缴国库的无主财物变价款等 | | |
| 其他应缴预算的资金 | 指其他按国家预算管理规定应上缴财政预算的项款 | | |

（2）及时、足额上缴国库。行政单位应缴预算的款项应当按照同级财政部门的规定，及时、足额上缴国库。对于未到起缴点的或需定期缴款的应缴预算款项，应及时存入开户银行，每月末必须清算解缴，年终必须将当年的应缴预算款项全部清缴入库。行政单位不得缓缴、截留、挪用应缴预算款。

（3）实行“票款分离”收缴，即行政单位开具票据，公民、法人和其他组织到指定银行缴款，由银行直接划入国库，加快款项入库，防止弊端产生。

（4）使用合法的收费专用票据。行政单位应缴预算款的收取，必须使用财政部门按管理权限印制的专用收缴票据，行政单位无权用自行印制的票据收取应缴预算款。

（5）加强票款的稽核查对。要建立票据的领用登记和销号制度，定期核对票款是否相符，防止漏收或违法事件的发生，保证应缴预算款的正确无误和安全完整。

## 三、应缴预算款的会计核算

为核算行政单位按规定应缴入国家规定预算的款项，行政单位应设置“应缴财政预算款”总账科目。其会计处理如图 4－1 所示。

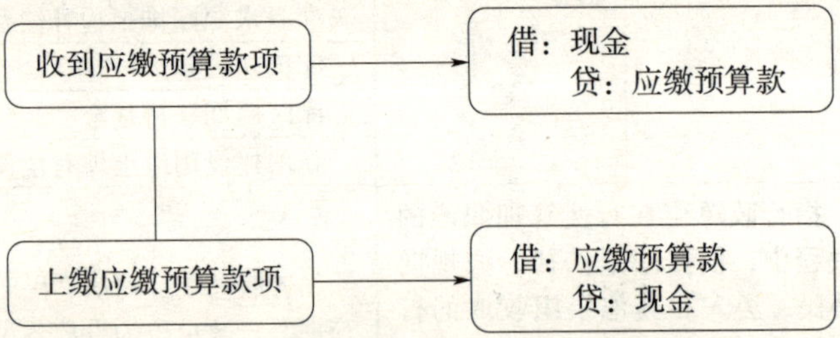


**图 4－1　“应缴预算款”的会计处理**

本科目贷方余额反映当日应缴未缴数。年终，本科目应无余额。本科目应按应缴预算款项的类别设置明细账。

**案例解析**

**【例 4－1】**　某行政单位发生如下应缴预算款的业务。

(1) 将长期无人认领的无主暂存款 3 000 元转作应缴预算款。其会计分录为：

借：暂存款　　3 000

　贷：应缴预算款　　3 000

(2) 收到应上缴国家的罚没款 5 000 元，款项已存入银行。其会计分录为：

借：银行存款　　5 000

　贷：应缴预算款　　5 000

(3) 将按规定收取的行政性收费款 6 000 元存入银行。其会计分录为：

借：银行存款　　6 000

　贷：应缴预算款　　6 000

(4) 将追回的赃物变价出售，收入 2 500 元存入银行。其会计分录为：

借：银行存款 2 500

贷：应缴预算款 2 500

(5) 将本年应缴预算款16 500元上缴财政。其会计分录为：

借：应缴预算款 16 500

贷：银行存款 16 500

【例4-2】 某行政单位发生如下应缴预算款的业务。

(1) 收到应上缴国家的罚没收入现金900元，次日才能上缴。会计分录为：

借：现金 900

贷：应缴预算款 900

(2) 收到发放证照的规费现金2 500元，次日才能上缴。会计分录为：

借：现金 2 500

贷：应缴预算款 2 500

(3) 次日将应缴预算款3 400元上缴财政。

借：应缴预算款 3 400

贷：现金 3 400

(4) 收到属于预算外资金的现金800元，次日才能上缴。会计分录为：

借：现金 800

贷：应缴财政专户款 800

(5) 次日上缴取得的应缴财政专户款。会计分录为：

借：应缴财政专户款 800

贷：现金 800

# 第二节 应缴财政专户款

## 一、应缴财政专户款的概念和主要内容

应缴财政专户款，是指行政单位按规定代收的应上缴财政专户的预算外资金收入。财政专户实际上是财政预算外资金专户的简称。

按照国务院的有关规定，各行政单位依据国家法律和具有法律效力的规章而收取、提留和安排使用的未纳入国家预算管理的各种财政性资金，属于预算外资金。行政单位的预算外资金主要包括：

(1) 根据国家法律、法规规定收取、提取的各种行政性收费、基金和附加收入等。

(2) 国务院或省级人民政府及其财政、计划(物价)部门审批的行政性收费。

(3) 主管部门从所属单位集中的上缴资金。

(4) 用于乡镇政府开支的自筹资金和统筹资金。

(5) 其他未纳入预算管理的财政性资金。

## 二、预算外资金管理

预算外资金管理的内容如表4-2所示。

**表4-2 预算外资金管理原则及管理办法**

| | | |
|---|---|---|
| 预算外资金管理原则 | 依法征收原则 | 行政单位必须按照中央、省规定的基金和收费项目及标准征收 |
| | 依照规定使用原则 | 行政单位要按规定的支出范围和资金投向使用 |
| | 集中统一管理原则 | 预算外资金由财政部门集中管理，包括设立统一财政专户、统一征收票据、统一收支计划、统一会计核算 |
| | 政府分类调控原则 | 政府根据预算外资金的不同收支性质，采取不同的收取方式和确定统筹比例，实行分类调控 |
| | 预算内外资金衔接平衡原则 | 财政部门经政府批准，可以在一定的范围内，适当统筹一定比例的预算外资金，弥补预算内经费的不足 |
| 预算外资金管理办法 | 财政部门设置财政预算外资金专户，实行“收支两条线”管理办法 | 财政部门在银行开设预算外资金专户 |
| | | 行政单位取得的预算外资金，缴入财政部门在银行开设的预算外资金专户；行政单位可以报经财政部门同意，在指定的银行开设一个预算外资金存款过渡账户，收到的预算外资金，可先存入该过渡性存款账户，然后按照财政部门的要求，在规定的时间内将款项缴入财政部门在银行开设的预算外资金专户 |
| | | 支出由财政部门按预算外资金收支计划和单位财务收支计划统筹安排，从专户中拨付 |
| | | 少数行政单位对预算外资金支付有特殊需要的，经财政部门同意并核定收支计划，可按预算外资金的收支结余或按确定的比例将预算外资金缴入财政部门在银行开设预算外资金专户 |

## 三、应缴财政专户款的会计核算

行政单位为了对存入财政专户的预算外资金进行核算，应设置“应缴财政专户款”账户。该账户属于负债类账户，贷方登记应上缴财政专户的预算外资金的收入数，借方登记上缴财政专户数，贷方余额反映应缴未缴数，年终清缴后，本科目无余额。具体核算内容如表 4－3 所示。

**表 4－3　应缴财政专户款的分类会计核算**

| 分类 | 会计阶段 | 会计处理 |
| --- | --- | --- |
| 实行全额上缴财政专户的单位 | 收到应上缴财政专户的各项收入时 | 借：银行存款<br>　　贷：应缴财政专户款 |
| | 上缴财政专户时 | 借：应缴财政专户款<br>　　贷：银行存款 |
| 实行结余上缴财政专户的单位 | 收到预算外资金时 | 借：银行存款<br>　　贷：预算外资金收入 |
| | 定期结出预算外资金结余时 | 借：预算外资金收入<br>　　贷：应缴财政专户款 |
| | 上缴应缴财政专户款时 | 借：应缴财政专户款<br>　　贷：银行存款 |
| 实行按比例上缴财政专户的单位 | 在收到预算外资金时 | 借：银行存款<br>　　贷：应缴财政专户款（按上缴比例计算出应缴专款部分）<br>　　　　预算外资金收入（留成部分） |

**案例解析**

【例 4－3】　某行政单位实行预算外资金全额上缴财政专户办法。该行政单位发生如下业务。

（1）收到未纳入预算管理的行政性收费 900 元，存入银行。其会计分录为：

借：银行存款　　　　900

　　贷：应缴财政专户款——行政性收费　　　　900

（2）收到未纳入预算管理的××基金700元，存入银行。其会计分录为：

借：银行存款　700

　贷：应缴财政专户款——××基金　700

（3）将收到的预算外资金1 600元上缴财政专户。其会计分录为：

借：应缴财政专户款——行政性收费　900

　　　　　　　　　——××基金　700

　贷：银行存款　1 600

【例4－4】　某行政单位实行预算外资金结余上缴财政专户的办法。该单位按规定日期结算预算外资金结余23 000元，并将该结余上缴财政专户。

（1）结算预算外资金结余时，其会计分录为：

借：预算外资金收入　23 000

　贷：应缴财政专户款　23 000

（2）将结余23 000元上缴财政专户时，其会计分录为：

借：应缴财政专户款　23 000

　贷；银行存款　23 000

【例4－5】　某行政单位实行预算外资金按比例上缴财政专户的办法。按照规定，对于取得的预算外资金，按80%上缴财政专户。该单位某日收到某项预算外资金40 000元，将其中的32 000元上缴财政专户。其会计分录为：

借：银行存款　40 000

　贷：预算外资金收入　8 000

　　　应缴财政专户款　32 000

同时，

借：应缴财政专户款　32 000

　贷：银行存款　32 000

# 第三节　暂存款

## 一、暂存款的概念及管理

暂存款是行政单位在公务活动中与其他单位或个人发生的待结算款项。

行政单位在日常业务中有时会形成一些款项，因其最终不归属本单位，或是否可确定为本单位的收入尚不肯定，因而只能挂在账上，等到最终结算时进行处理。目前，行政单位暂存款业务主要是资产清查时发现尚未查明原因的资产长余。

行政单位对暂存款的管理应注意以下两个方面：

（1）必须将暂存款与单位的预算收入、应缴预算款和应缴财政专户款区分清楚，不能相互混淆。

（2）各项暂存款应及时清理结账。应转作收入的要及时转入收入账户，应上缴的要及时上缴，应支付的要及时支付，应报销的要及时报销。年终原则上要全部结清。

## 二、暂存款的会计核算

为了核算行政单位发生的临时性暂存及小额代管款项，应设置“暂存款”账户。本科目贷方余额反映尚待结算的暂存款累计数。暂存款的会计处理如图4－2所示。

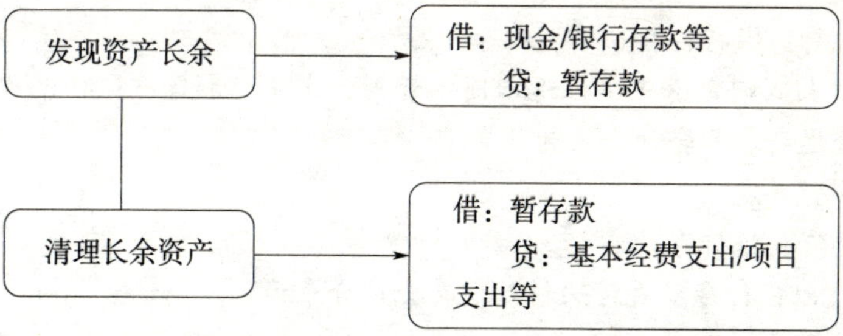


**图 4－2 “暂存款”的会计处理**

**案例解析**

**【例 4－6】** 某行政单位发生如下暂存款业务。

（1）收到某单位欲租用本单位固定资产而交来的押金 30 000 元，存入银行。其会计分录为：

借：银行存款 30 000

贷：暂存款 30 000

（2）购入材料一批，共计 4 680 元，已验收入库，货款未付。其会计分录为：

借：库存材料　　4 680

　　贷：暂存款　　4 680

（3）上月出差的林刚领取未领的工资300元，付给现金。其会计分录为：

借：暂存款　　300

　　贷：现金　　300

（4）向职工发放本月工资13 000元，代扣个人所得税400元，代扣住房公积金600元，实际向职工支付12 000元。其会计分录为：

借：经费支出　　13 000

　　贷：暂存款——代扣个人所得税　　400

　　　　　　　——代扣住房公积金　　600

　　　　现金　　12 000

（5）开出缴款书，上缴个人所得税和住房公积金。其会计分录为：

借：暂存款——代扣个人所得税　　400

　　　　　——代扣住房公积金　　600

　　贷：银行存款　　1 000

（6）租入固定资产单位退回固定资产，本单位扣除3 000元作为租金，其余押金退还。其会计分录为：

借：暂存款　　27 000

　　贷：银行存款　　27 000

（7）以银行存款支付购料款。其会计分录为：

借：暂存款　　4 680

　　贷：银行存款　　4 680

（8）将长期无人认领的无主暂存款550元转作应缴预算款。其会计分录为：

借：暂存款　　550

　　贷：应缴预算款　　550

# 第五章　行政单位所有者权益的会计核算

## 全 章 纵 览

本章主要介绍行政单位净资产的会计核算，通过本章相关知识的学习，应掌握以下方面的内容：

1. 理解固定基金的概念，掌握固定基金的会计核算方法。
2. 理解结余的概念，掌握结余的会计核算方法。

## 第一节　固定基金

### 一、固定基金的概念

固定基金是指行政单位固定资产所占用的基金。行政单位固定基金体现国家和行政单位对固定资产的所有权，主要包括行政单位用国家投入或单位自有的资金购建、上级主管部门调入、接受捐赠的各项固定资产所占用的基金。其基金来源如图 5－1 所示。

固定资产随着不断使用，其价值是不断减少的，国家和行政单位所拥有的固定基金数额也是逐年减少的。但是，由于行政单位固定资产不计提折旧，所以，固定基金的账面数额和固定资产的数额始终是相等的。

### 二、固定基金的会计核算

为了核算和监督行政单位占有和使用的固定基金，行政单位应设置“固定基金”科目。本科目贷方余额反映行政单位固定基金总额，本科目不设明细科目，固定基金按实际发生数额记账。其会计处理如图 5 – 2 所示。

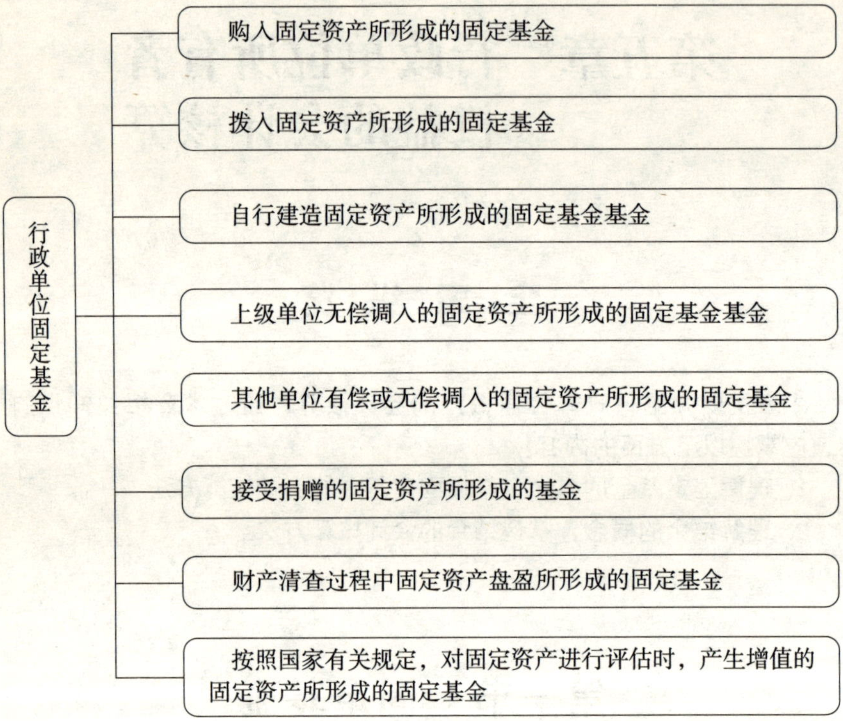


**图 5 – 1　行政单位固定基金的主要来源**

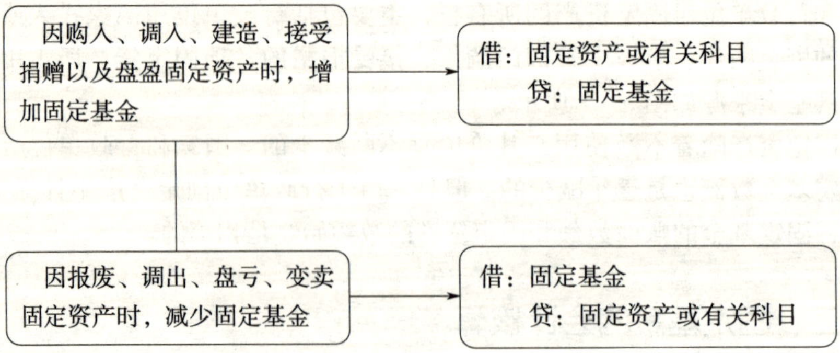


**图 5 – 2　“固定基金”的会计处理**

**案例解析**

**【例5－1】** 某行政单位发生如下业务。

(1) 新建办公大楼1幢，造价2 500 000元，已经竣工，经验收合格并交付使用。其会计分录为：

借：经费支出 2 500 000

　　贷：银行存款 2 500 000

同时，

借：固定资产——房屋建筑物 2 500 000

　　贷：固定基金 2 500 000

(2) 收到上级单位无偿调入的专用设备1台，估计价值32 000元。其会计分录为：

借：固定资产——专用设备 32 000

　　贷：固定基金 32 000

(3) 经批准将原价为240 000元的旧设备卖给其他单位，售价为8 500元，款项已存入银行。

①取得残值收入时：

借：银行存款 8 500

　　贷：其他收入 8 500

②核销一般设备的账面价值时：

借：固定基金 240 000

　　贷：固定资产——一般设备 240 000

# 第二节 结　余

## 一、结余的概念

结余是行政单位年度各项收入与支出相抵后的余额。作为结余反映的内容可能是收入大于支出的剩余，也可能是支出大于收入的超支数额。行政单位的结余每年年终结算一次。

行政单位结余一般由两部分构成，如图5－3所示。

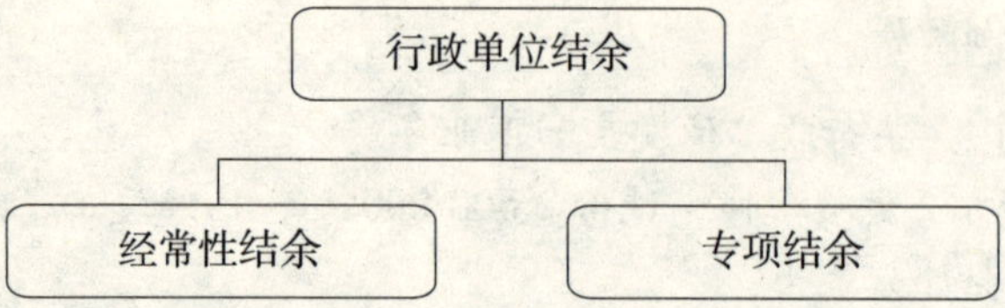


**图 5－3　行政单位结余组成**

（1）经常性结余。即经常性经费收支相抵后的余额。经常性结余的多少，可表明公务活动过程中收入保证支出的程度，是结余的主要部分。

（2）专项结余。即专项经费收支相抵后的余额。对于未完成项目的专项结余，行政单位应结转下年度继续用于该项目的支出；对于已完成项目的专项结余，行政单位应报经主管部门或财政部门批准后，由行政单位统筹安排使用。

行政单位的结余全额结转下年使用。结余一般没有限定用途，可用于行政单位公务活动的各个方面，但主要是用于弥补行政单位以后年度收不抵支的差额和补助所属单位等。

## 二、结余的会计核算

为了核算行政单位年度各项收支相抵后的余额，应设置“结余”账户。该账户借方登记年终各支出账户余额的转入数，贷方登记年终各收入账户余额的转入数。本账户贷方余额为行政单位滚存结余。有专项资金的单位应将结余分为经常性结余和专项结余，并且经费结余与专项资金结余应分别核算。

年终进行经常性结余核算时，将“拨入经费——拨入经常性经费”（不含预拨下年经费）、“预算外资金收入——经常性收入”、“其他收入”科目的余额转入“结余——经常性结余”科目的贷方，借记“拨入经费——拨入经常性经费”、“预算外资金收入——经常性收入”、“其他收入”科目，贷记“结余——经常性结余”科目。同时将“经费支出——经常性支出”（不含预拨下年经费）、“拨出经费——拨出经常性经费”、“结转自筹基建”科目的余额转入“结余——经常性结余”科目的借方，借记“结余——经常性结余”科目，贷记“经费支出——经常性支出”、“拨出经费——拨出经常性经费”、“结转自筹基建”科目。年终“结余——经常性结余”科目若存在借方余额，表明超支；若存在贷方余额，则表明结余；本年结余数加年初结余数为滚存结余。根据制度规定，行政单位的结余不提取基金，全额结转下年使用。

### 案例解析

【例5-2】 某行政单位年终各收支科目余额如表5-1如示。

表5-1 年终各收支科目余额

| 账户名称 | 借 | 贷 | 金额（元） |
|---|---|---|---|
| 拨入经费——拨入经常性经费 | | 贷 | 2 300 000 |
| 拨入经费——拨入专项经费 | | 贷 | 900 000 |
| 预算外资金收入——经常性收入 | | 贷 | 1 200 000 |
| 预算外资金收入——专项收入 | | 贷 | 300 000 |
| 其他收入 | | 贷 | 50 000 |
| 拨出经费——拨出经常性经费 | 借 | | 1 000 000 |
| 拨出经费——拨出专项经费 | 借 | | 500 000 |
| 经费支出——经常性支出 | 借 | | 900 000 |
| 经费支出——专项支出 | 借 | | 300 000 |
| 结转自筹基建 | 借 | | 300 000 |

(1) 年终，将经常性收入各科目余额转入“结余——经常性结余”科目的贷方：

借：拨入经费——拨入经常性经费 2 300 000
　　预算外资金收入——经常性收入 1 200 000
　　其他收入 50 000
　　贷：结余——经常性结余 3 550 000

(2) 年终，将经常性支出各科目的余额转入“结余——经常性结余”科目的借方：

借：结余——经常性结余 2 200 000
　　贷：拨出经费——拨出经常性经费 1 000 000
　　　　经费支出——经常性支出 900 000
　　　　结转自筹基建 300 000

(3) 年终，将专项收入各科目的余额转入“结余——专项结余”科目的贷方：

借：拨入经费——拨入专项经费 900 000
　　预算外资金收入——专项收入 300 000
　　贷：结余——专项结余 1 200 000

(4) 年终，将专项支出各科目余额转入“结余——专项结余”科目的借方：

借：结余——专项结余 800 000
　　贷：拨出经费——拨出专项经费 500 000
　　　　经费支出——专项支出 300 000

# 第六章　行政单位收入的会计核算

## 全 章 纵 览

本章主要介绍行政单位收入的会计核算，通过本章相关知识的学习，应掌握以下方面的内容：

1. 理解拨入经费的依据和原则，了解拨入经费的方式，掌握拨入经费的会计核算方法。

2. 理解预算外资金的管理要求，掌握预算外资金的会计核算方法。

3. 理解其他收入的管理要求，掌握其他收入的会计核算方法。

## 第一节　拨入经费

### 一、拨入经费概述

拨入经费是指行政单位按照经费领报关系，由财政部门或上级单位拨入的预算经费。拨入经费是行政单位为了进行正常业务活动及完成国家交给的行政任务所需要的经费来源，是行政单位收入的主要内容，也是行政单位执行国家预算的重要环节。在多级行政管理的体制下，行政经费一般由财政部门拨到主管会计单位，再由主管会计单位逐级下拨到基层会计单位。

#### （一）领拨经费的依据和原则

行政单位为了完成国家规定的行政任务，按照批准的经费预算指标和规定的手续，向财政部门或主管会计单位请领经费，收到拨入的款项后，行政单位再视需要向所属单位转拨经费的行为称为领拨经费。具体内容如表 6－1 所示。

**表6－1 领拨经费的依据和原则**

<table>
<tr><th>事项</th><th colspan="2">内容</th></tr>
<tr><td>领拨经费的依据</td><td colspan="2">各行政单位领拨经费的依据是经过财政部门或主管单位审核批准的单位预算和事业发展进度。单位预算中所确定的各项经费支出的方向、范围和规定的各项开支标准是实现会计控制、加强财政管理的基础，也是财政部门或主管单位向所属单位预算拨款的参考依据。<br>行政单位为保证资金的合理使用，应根据财政部门确定的年度单位预算指标，编制季度和月度用款计划。行政单位应根据上级主管部门或财政部门核定的季度（分月）用款计划，按经费领报关系向上级主管部门或同级财政部门申请拨款</td></tr>
<tr><td rowspan="4">领拨经费的原则</td><td>按计划领拨经费</td><td>行政单位应按照核定的单位年度预算和按“款”、“项”反映的季度分月用款计划领取和拨付经费。临时性开支单独编制临时预算，经有关部门审批后作为领拨经费的依据。各单位不能办理无预算、无计划或超预算、超计划的领拨</td></tr>
<tr><td>按进度领拨经费</td><td>行政单位除了按上级主管部门或财政部门审批后的季度（分月）用款计划领拨经费外，还应结合单位的行政任务完成情况及资金、材料物资的结存情况，按月灵活调度，做到既保证资金的需要，又防止资金的积压，保证预算资金的合理使用</td></tr>
<tr><td>按用途领拨经费</td><td>拨入经费应按预算规定的用途使用，未经同级财政部门批准，不得擅自改变用途。“款”与“款”、“项”与“项”之间如需流用，应经财政部门批准</td></tr>
<tr><td>按预算级次领拨经费</td><td>行政单位要按经费领报关系向上级主管部门或同级财政部门申请拨款。各主管会计单位不能向没有经费领拨关系的单位垂直拨款。同级主管部门之间也不能发生横向经费领拨关系，如有需要发生的，应通过财政部门办理划转预算手续，但专项拨款除外</td></tr>
</table>

### （二）领拨经费的方式

按照新预算会计制度的规定，财政部门或主管部门对所属行政单位领拨经费的方式实行划拨资金方式。

划拨资金又称实投资金，是财政机关根据主管单位的申请，按月开出预算拨款凭证，通知国库将财政存款划转到申请单位在银行的存款户，由主管单位按规定用途办理转投或支用，月末由用款单位编报单位预算支出报表的一种拨款办法。

划拨资金的具体程序如图 6－1 所示。

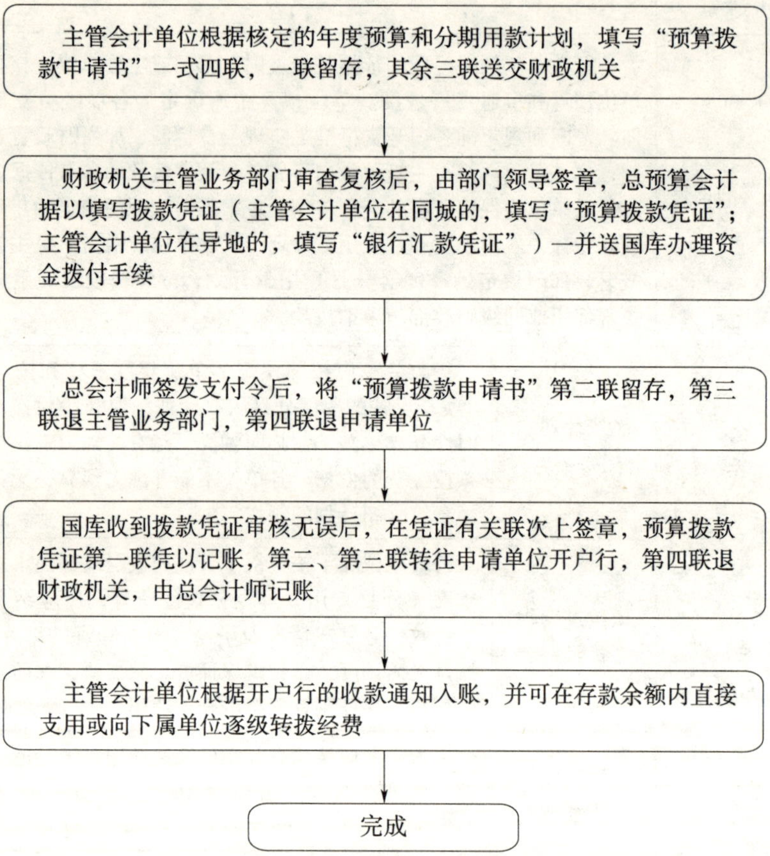


**图 6－1　划拨资金的具体程序**

## （三）拨入经费的内容

拨入经费由两部分组成：一部分是拨入的经常性经费，拨入的经常性经费是指财政部门或上级主管部门拨给行政单位用于日常业务活动的行政经费，由于这笔行政经费每年比较固定，变动较小，所以称为经常性经费；另一部分是拨入的专项经费，拨入专项经费是指财政部门或上级主管拨给行政单位用于完成专项工程或专项工作，并需要行政单位单独报账结算的资金。

拨入的专项经费必须具备两个必要条件：第一，资金的用途是指定的，行政单位在使用时必须做到专款专用，不得任意挪用；第二，专项资金拨款必须做到单独报账结算，不能单独报账核销的资金不能作为专项资金，而只能作为拨入经常性经费处理。

## 二、拨入经费的会计核算

为了核算行政单位按照经费领报关系，由财政部门或上级主管部门拨入的预算经费的收入、核销及缴回情况，应设置“拨入经费”科目，该科目属于收入类科目。贷方登记拨入经费的增加数，借方登记拨入经费的核销和缴回数，一般为贷方余额，反映拨入经费的累计数，年终结账时，将本科目的贷方余额转入“结余”科目，年终结账后，本科目无余额。具体会计核算如图 6－2 所示。

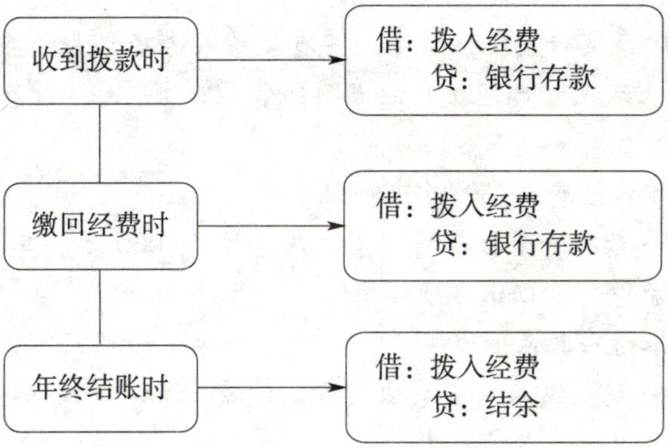


**图 6－2 “拨入经费”科目的会计核算**

本科目应按拨入经费的资金管理要求分别设置“拨入经常性经费”和“拨入专项经费”两个二级科目。二级科目下按“国家预算收支科目”的“款”级科目设置明细账。行政单位收到非主管会计单位拨入的财政性资金如公费医疗经费、住房基金等，应在“拨入专项经费”二级科目下按拨入的单位分别进行明细核算。

**案例解析**

**【例 6－1】** 某行政单位发生如下有关拨入经费的业务。

（1）收到同级财政机关通过银行拨来的当月经费 400 000 元。其会计分录为：

借：银行存款　　400 000

　　贷：拨入经费——拨入经常性经费　　400 000

（2）通过银行转拨所属单位经费 100 000 元。其会计分录为：

借：拨出经费——拨出经常性经费　　100 000
　　贷：银行存款　　100 000

(3) 将经费 11 200 元缴回财政机关。其会计分录为：

借：拨入经费——投入经常性经费　　11 200
　　贷：银行存款　　11 200

(4) 年终结账，将"拨入经费"账户的贷方余额 92 000 元转入"结余"账户。其会计分录为：

借：拨入经费——投入经常性经费　　92 000
　　贷：结余——经常性结余　　92 000

**【例 6 -2】** 某行政单位发生如下有关拨入专项经费的业务。

(1) 收到上级主管部门拨来的专项经费 100 000 元。其会计分录为：

借：银行存款　　100 000
　　贷：拨入经费——拨入专项经费　　100 000

(2) 将上述专项资金拨款转拨某所属单位 20 000 元。其会计分录为：

借：拨出经费——拨出专项经费　　10 000
　　贷：银行存款　　20 000

(3) 用上述专项拨款购置某项设备，价款 50 000 元。其会计分录为：

借：经费支出——专项支出　　50 000
　　贷：银行存款　　50 000

同时，

借：固定资产——一般设备　　50 000
　　贷：固定基金　　50 000

(4) 年终结账，将"拨入经费——拨入专项经费"账户余额结转"结余——专项结余"账户的贷方。其会计分录为：

借：拨入经费——拨入专项经费　　30 000
　　贷：结余——专项结余　　30 000

(5) 将"经费支出——专项支出"和"拨出经费——拨出专项经费"账户余额，结转"结余——专项结余"账户的借方。其会计分录为：

借：结余——专项结余　　70 000
　　贷：拨出经费——拨出专项经费　　20 000
　　　　经费支出——专项支出　　50 000

# 第二节 预算外资金收入

## 一、预算外资金

### （一）预算外资金的概念

预算外资金是指国家机关、事业单位和社会团体为履行或代行政府职能，依据国家法律、法规和具有法律效力的规章而收取、提取和安排使用的未纳入国家预算管理的各种财政性资金。其主要范围包括：法律、法规规定的行政事业性收费、基金和附加收入等；国务院或省级人民政府及其财政、计划（物价）部门审批的行政事业性收费；国务院以及财政部审批建立的基金、附加收入等；主管部门从所属单位集中上缴的资金；用于乡镇政府开支的乡自筹和乡统筹资金；其他未纳入预算管理的财政性资金。

### （二）预算外资金供应方式的变化

预算外资金处于国家预算管理之外，使用脱离财政监督，因此，很容易导致财政收入的流失，及政府公共分配秩序的混乱。在传统的管理方式下，行政单位开设财政汇缴专户，行政单位收到的应缴同级财政专户的预算外资金暂时保留在单位银行账户中，形成行政单位的负债。行政单位的预算外资金收入有以下三种来源，如图 6－3 所示。

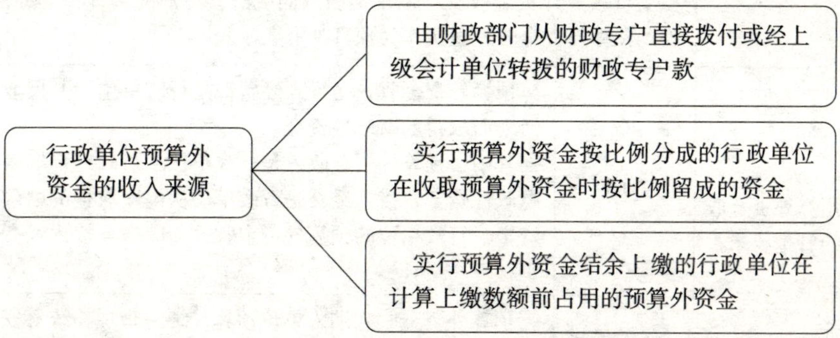


图 6－3 行政单位预算外资金的收入来源

预算外资金作为财政资金，长期游离于财政预算之外，即便是在收支两条线的管理方式下，行政单位预算外资金的收入和支出也没有完全脱钩，财政部门很难规范和控制其收入和使用，容易造成行政单位的腐败，影响政府形象。随着改革开放的进一步深入，财政部对资金供应方式进行了一系列改革。在目前的改革中，首先采取将预算外资金纳入预算管理或实行收支脱钩的管理办法，取消按确定的比例留用或收支挂钩的管理方法。其次，单位和部门编制预算时，要编制基本支出预算、项目预算、政府采购预算，单位和部门需要的经费全部纳入单位和部门预算，不再提出预算外资金的支出计划。最后，实现预算外资金的收缴分离。在直接缴库方式下，取消各单位设立的预算外资金账户，预算外资金直接缴入财政部门设立的专户；个别实行集中缴库的单位，在收取了缴款人的现金后，也必须于当天或次日将款项缴入财政专户或财政汇缴专户。

## 二、预算外资金收入的概念及管理

预算外资金收入是指财政部门按规定从财政专户核拨给行政单位的预算外资金以及部分经财政部门核准不上缴预算外资金财政专户，而直接由行政单位按计划使用的预算外资金。其具体内容如表 6－2 所示。

**表 6－2　行政单位取得预算外资金的收入情况和管理要求**

| | | |
|---|---|---|
| 行政单位取得预算外资金收入 | 实行收支两条线的管理办法，由财政专户核拨给行政单位的预算外资金收入 | |
| | 实行预算外资金按核定比例上缴的办法，直接留给行政单位的部分作为预算外资金收入 | |
| | 实行预算外资金收支结余定期缴入同级财政专户的会计核算办法，收到预算外资金时，直接作为预算外资金收入 | |
| 预算外资金收入的管理要求 | 分别核算 | 预算外资金收入与拨入经费都是行政单位为开展业务活动而取得的财政性资金。<br>其中，预算外资金收入是行政单位从财政专户取得的财政性资金，拨入经费是行政单位从国库取得的财政性资金。行政单位的预算外资金收入，应当与拨入经费分别核算 |
| | 统筹安排 | 预算外资金收入纳入单位预算，统一管理，统筹安排各项支出 |

## 三、预算外资金收入的会计核算

为了核算预算外资金收入，行政单位应设置“预算外资金收入”账户。该账户贷方记收到财政按计划拨还或按确定比例留用的预算外资金数，借方记采用结余上缴的预算外资金管理办法下，上缴财政专户的资金数。一般有贷方余额，贷方余额反映预算外资金收入的累计数。年终，将预算外资金收入账户贷方余额转入“结余”账户，转账后本账户无余额。该账户按预算外资金管理的要求分别设置“经常性收入”和“专项收入”二级账户，二级账户下按预算外资金项目“款”级设置明细账。由于行政单位确认预算外资金收入有三种方式，所以，“预算外资金收入”科目具体核算也有三种。

### （一）预算外资金全额专户存储，财政按计划拨还的会计核算办法

预算外资金收入按照收支两条线办法管理。财政部门从财政专户核拨给单位的资金时，借记“银行存款”，贷记“预算外资金收入”账户。

**案例解析**

**【例 6－3】** 某行政单位实行预算外资金全额专户存储，财政按计划拨还的会计核算方法进行核算，2012 年 5 月发生如下业务。

（1）取得预算外应缴财政专户款 48 000 元，收存银行。其会计分录为：

借：银行存款　　48 000

　　贷：应缴财政专户款　　48 000

（2）将上述预算外资金 48 000 元上缴财政专户。其会计分录为：

借：应缴财政专户款　　48 000

　　贷：银行存款　　48 000

（3）收到财政按计划拨还的预算外资金 31 200 元，收存开户银行。其会计分录为：

借：银行存款　　31 200

　　贷：预算外资金收入　　31 200

### （二）预算外资金经财政部门核定按比例上缴的会计核算办法

实行预算外资金按确定比例上缴办法的行政单位，收到预算外资金时，借记“银行存款”账户，贷记“应缴财政专户款”（应上缴部分），贷记“预算外资金收入”（单位留用部分）。

**案例解析**

**【例6－4】** 某行政单位实行按确定比例上缴预算外资金财政专户的办法，上缴比例为20%。

（1）假定该单位收到某项预算外资金共计300 000元，其会计分录为：

借：银行存款　　300 000

　　贷：预算外资金收入　　240 000

　　　　应缴财政专户款　　60 000

（2）将应缴财政专户的预算外资金60 000元上缴。其会计分录为：

借：应缴财政专户款　　60 000

　　贷：银行存款　　60 000

### （三）预算外资金按收支结余的数额定期缴入同级财政专户的会计核算办法

实行预算外资金结余上缴办法的行政单位，收到预算外资金时，借记“银行存款”账户，贷记“预算外资金收入”账户。定期结算应缴预算外资金结余时，借记“预算外资金收入”，贷记“应缴财政专户款”账户。

**案例解析**

**【例6－5】** 某行政单位是实行结余上缴预算外资金财政专户办法的单位，发生如下业务。

（1）收到预算外资金收入70 000元。其会计分录为：

借：银行存款　　70 000

　　贷：预算外资金收入　　70 000

（2）用预算外资金40 000元，支付有关费用，以银行存款付讫。其会计分录为：

借：经费支出——预算外支出　　40 000

　　贷：银行存款　　40 000

（3）经计算，应缴财政专户的预算外资金为30 000元。其会计分录为：

借：预算外资金收入　　30 000

　　贷：应缴财政专户款　　30 000

（4）用银行存款将年终结余的预算外资金上缴财政专户。其会计分录为：

借：应缴财政专户款　　30 000

　　贷：银行存款　　30 000

值得说明的是，当主管部门收到财政专户核拨的属于应返还所属单位的预算外资金时，应通过“暂存款”账户核算，不在本账户核算。

## 第三节 其他收入

### 一、其他收入的概念

从理论上讲，行政单位肩负着国家管理的职责，具有各项行政管理权力，资金来源应为财政拨款，不应有其他渠道的收入。但是，我国目前的现状使得行政单位可能有少量的非财政资金来源，如根据中共中央、国务院关于加快发展第三产业的决定和有关文件规定，在推进机构改革和行政机关后勤管理体制改革过程中，分流部分人员利用机关的生活服务设施和交通工具等，在搞好对内服务的同时，向社会开放实行对外有偿服务取得一定的收入。这些经营活动还很难在短时间内消除，又如银行存款利息收入，购买国债的利息收入和固定资产变价收入等，尤其是目前行政单位住房改革出售公有住房的收入可形成较大金额的其他收入。因此，其他收入的存在是我国行政单位的现实。这些经财政部门核准，由行政单位按照计划使用，不上缴财政专户的少量预算外资金以及行政单位依照国家有关规定取得的其他收入，也构成了行政单位日常业务的一部分资金来源。

其他收入是指行政单位按规定收取的各种收入以及其他来源形成的收入。包括：上级行政单位用非预算资金补助拨款收入、行政单位在公务活动中取得的不必上交财政的零星杂项收入、有偿服务收入、有价证券及银行存款利息收入等。

### 二、其他收入的管理

其他收入虽不是行政单位的主要收入来源，但与拨入经费收入相比，形式更加灵活，内容更加复杂，结算方式也较多，既可以用银行转账，也可以直接用现金结账，因此，在行政单位中应加强对其他收入的管理，减少由于其他收入管理不善造成的损失。而且，行政单位应自觉遵守国家的有关法律法规，不得擅自增减其他收入的范围和项目。对其他收入的管理应遵循以下几点原则，如表6－3所示。

**表6－3　其他收入的管理**

| 原则 | 主要内容 |
| --- | --- |
| 划清范围，计划管理 | 其他收入的范围和项目必须严格按照国家规定的制度执行，不得随便扩大范围、增加项目。例如，非预算资金补助拨款收入是国家预算外资金的一项支出，预算外资金是国家财政的重要组成部分，各行政单位应按实际需要编制预算外收支计划，上报上级部门和财政机关审核批准。在申请非预算资金补助拨款时，不得弄虚作假 |
| 先收后支，保持平衡 | 其他收入是行政单位可以较灵活取得和使用的一项收入，在其他收入的管理上应在单位内部自求平衡，即遵循下列几点原则：先收后支、量入为出，自求平衡，略有结余。行政单位在完成日常的公务任务外，应在国家规定的政策、法律和制度的范围内，积极组织创收，在其他收入的使用上，应力求节省，合理安排，提高效率 |
| 控制流向，专款专用 | 各行政单位的其他收入，无论其来源如何，在使用上应坚持长期效益的原则，力求把这些收入用于发展各项事业上，不能只顾短期效果随意用于增加人员编制，提高职员工资及福利费，扩大开支标准和自行基本建设。单位内应严格报批手续，加强其他收入使用的管理 |
| 依法纳税 | 行政单位应按照简洁的规定和国家其他有关制度的规定，对其他收入中应纳税的部分及时申报、缴纳税款，不得擅自隐瞒收入，也不能偷梁换柱，在应税收入和免税收入间转移收入 |

## 三、其他收入的会计核算

为了核算行政单位其他收入的增减变动及结余情况，设置“其他收入”总账科目。该科目属于收入类科目。借方登记其他收入的减少数，即冲销转出数，贷方登记其他收入的增加数，即发生的其他收入数。一般为贷方余额，反映其他收入的累计数。年终结转后，本科目无余额。具体内容如表6－4所示。

**表6－4　其他收入**

| 借　方 | 贷　方 |
| --- | --- |
| 冲销转出 | 发生其他收入 |
| 年终转入结余 | 余额：（1）平时反映累计收入数<br>（2）年末余额是“0” |

发生其他收入时，借记“银行存款”、“现金”等科目，贷记本科目；冲销转出时，借记本科目，贷记有关科目。年终结账时，本科目贷方余额转入“结余”科目，借记本科目，贷记“结余”科目。本科目可按收入的主要类别设置明细账，各单位可以根据本单位的具体情况设置明细账。如图6－4所示。

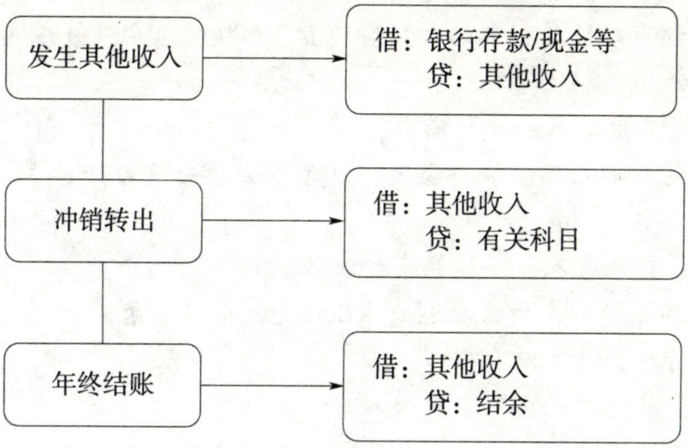


**图6－4 “其他收入”的会计处理**

### 案例解析

**【例6－6】** 某行政单位其他收入业务如下。

（1）兑现国库券，收回本金80 000元，收到利息8 000元。以转账方式结清款项。会计分录为：

| | | |
|---|---|---|
| 借：银行存款 | 88 000 | |
| 贷：有价证券 | | 80 000 |
| 其他收入 | | 8 000 |

（2）处理旧报纸等取得现金600元。会计分录为：

| | | |
|---|---|---|
| 借：现金 | 600 | |
| 贷：其他收入 | | 600 |

（3）出租单位公用车取得租金1 200元。会计分录为：

| | | |
|---|---|---|
| 借：现金 | 1 200 | |
| 贷：其他收入 | | 1 200 |

（4）出售公有住房收入6 000 000元，存入单位银行账户。公有住房原账面价值2 000 000元。会计分录为：

| | | |
|---|---|---|
| 借：银行存款 | 6 000 000 | |
| 贷：其他收入 | | 6 000 000 |

借：固定基金　　2 000 000
　　贷：固定资产　　2 000 000

**【例 6－7】** 某行政单位发生如下其他收入业务。

(1) 收到市统计局交来的租场费现金 1 600 元。会计分录为：

借：现金　　1 600
　　贷：其他收入——租场费　　1 600

(2) 出售废旧物品，取得现金 300 元。会计分录为：

借：现金　　300
　　贷：其他收入——废品变价收入　　300

(3) 收到银行转来的存款利息 3 000 元。会计分录为：

借：银行存款　　3 000
　　贷：其他收入——利息收入　　3 000

(4) 收到有偿服务收入 1 000 元。会计分录为：

借：现金　　1 000
　　贷：其他收入——有偿服务收入　　1 000

(5) 购买的国库券到期，兑换本金 20 000 元，利息收入为 7 200 元。会计分录为：

借：银行存款　　27 200
　　贷：有价证券　　20 000
　　　　其他收入——利息收入　　7 200

(6) 年终结账时，假定“其他收入”账户余额为 412 000 元，转入“结余”账户。会计分录为：

借：其他收入　　412 000
　　贷：结余　　412 000

# 第七章　行政单位支出的会计核算

## 全 章 纵 览

本章主要介绍行政单位支出的会计核算，通过本章相关知识的学习，应掌握以下方面的内容：

1. 了解行政单位支出的内容和核算的一般要求，熟悉支出的主要会计科目及核算范围；

2. 了解经费支出的管理要求、列报口径，掌握经费支出的会计核算方法和收回处理。

3. 掌握工资、医疗保险、公积金、个人所得税的计算，理解人员支出、公用支出、对个人和家庭补助支出、拨出经费、自筹基建的具体核算方法。

4. 理解并掌握拨出经费、结转自筹基建的会计核算方法。

## 第一节　支出概述

### 一、支出的概念及分类

支出是指行政单位为开展业务活动所发生的各项资金耗费及损失。行政单位的支出包括经费支出、拨出经费和结转自筹基建。

为了便于考核行政单位预算的执行情况和资金的使用效果，要求对行政单位的支出实行分类核算。行政单位基本支出的分类有三种标准：

（1）按资金管理要求分类。

（2）按支出的性质分类。

（3）按支出的用途分类。

具体内容如表 7－1 所示。

**表7－1　支出分类**

<table>
<tr><th>分类标准</th><th colspan="2">分类项目</th></tr>
<tr><td rowspan="2">资金管理要求</td><td colspan="2">经常性支出。经常性支出是指行政单位为维持正常开支和完成日常工作任务发生的支出</td></tr>
<tr><td colspan="2">专项支出。专项支出是行政单位为完成专项或特定工作任务发生的支出</td></tr>
<tr><td rowspan="2">支出的性质</td><td colspan="2">人员经费。人员经费是指单位支出中用于个人方面的开支。包括人员支出和对个人与家庭的补助支出。如基本工资、津贴及奖金、社会保障缴费、离退休费、医疗费、住房补贴和其他人员经费等。其数额与人员数量多少有关</td></tr>
<tr><td colspan="2">日常公用经费。日常公用经费是指单位支出中用于日常公共事务方面的开支。包括“国家预算收支科目表”中公用支出项目中属于基本支出内容的支出。如办公及印刷费、水电费、邮电费、取暖费、交通费、差旅费、会议费、福利费、物业管理费、日常维护费、专用材料及一般购置费和其他费用。主要是为了日常公务需要而发生的各种货币支出和购买物资的支出。其数额通常与单位业务活动规模的大小有关</td></tr>
<tr><td rowspan="27">支出的性质</td><td rowspan="5">人员支出，即单位开支的在职职工和临时聘用人员的各类劳动报酬，以及为上述人员缴纳的各项社会保险等</td><td>基本工资</td></tr>
<tr><td>津贴</td></tr>
<tr><td>奖金</td></tr>
<tr><td>社会保障缴费</td></tr>
<tr><td>其他</td></tr>
<tr><td rowspan="22">公用支出，即单位购买商品和劳务的支出</td><td>办公费</td></tr>
<tr><td>印刷费</td></tr>
<tr><td>水电费</td></tr>
<tr><td>邮电费</td></tr>
<tr><td>取暖费</td></tr>
<tr><td>交通费</td></tr>
<tr><td>差旅费</td></tr>
<tr><td>会议费</td></tr>
<tr><td>培训费</td></tr>
<tr><td>招待费</td></tr>
<tr><td>福利费</td></tr>
<tr><td>劳务费</td></tr>
<tr><td>就业补助费</td></tr>
<tr><td>租赁费</td></tr>
<tr><td>物业管理费</td></tr>
<tr><td>日常维修费</td></tr>
<tr><td>专用材料费</td></tr>
<tr><td>办公设备购置费</td></tr>
<tr><td>专用设备购置费</td></tr>
<tr><td>交通工具购置费</td></tr>
<tr><td>图书资料购置费</td></tr>
<tr><td>其他</td></tr>
</table>

（续表）

| 分类标准 | 分类项目 | |
|---|---|---|
| 支出的性质 | 对个人和家庭的补助支出，即政府对个人和家庭的无偿性补助支出 | 离休费 |
| | | 退休费 |
| | | 退职费 |
| | | 抚恤和生活补助 |
| | | 医疗费 |
| | | 住房补贴 |
| | | 助学金 |
| | | 其他 |

行政单位的支出是为了完成国家下达的公务活动支出资金的来源，也是以国家财政部门或上级主管部门的各项拨款为主，行政单位自己创收为辅。因此，行政单位的支出不是独立存在的，而是与各项收入一一对应的。例如，拨出经费与拨入经费相对应，拨出专项经费与拨入专项经费相对应等。

## 二、支出的管理

行政单位的支出应遵循“先收后支、力求平衡、专款专用”的原则，具体内容如图 7－1 所示。

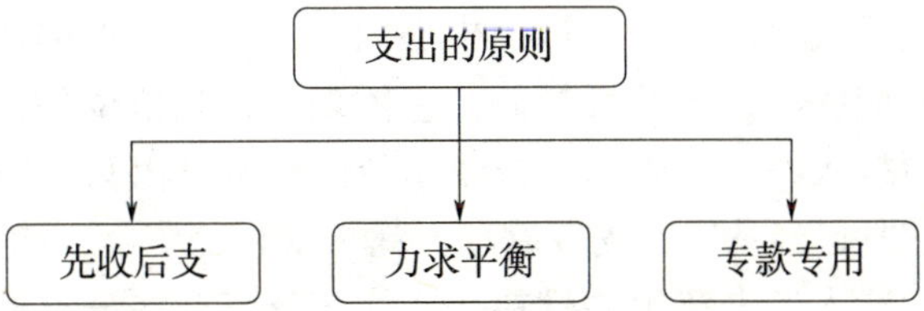


**图 7－1　支出的管理原则**

### （一）在规定的范围内办理支出

各行政单位应根据财政部门或上级主管部门的有关规定，明确各项资金的用途和开支范围，在日常的公务活动中，严格按照规定的用途和开支范围支出，不能办理超出规定范围以外的支出，更不能以领代报，以拨代支，各项支出与各项收入应相互对应，各项支出之间不能混淆，在支出时划清资金渠道，不能相互挤占和挪用。

### （二）按照支出定额和开支标准办理支出

各行政单位应认真执行国家规定的各项定额和开支标准，使支出保持在定额和标准、范围之内，不得任意增加人员、增加工资，提高开支标准、扩大开支范围等。

### （三）以合法、完整的原始凭证为依据办理各项支出的结算

各行政单位在办理支出的过程中，必须取得合法的原始凭证，并经有关人员的审核批准后才能办理。

# 第二节　经费支出

## 一、经费支出概述

### （一）经费支出的概念

经费支出是指行政单位预算经费的实际支出数，也是向财政部门或上级主管部门支出报销的依据。

经费支出是行政单位会计核算的中心内容，是行政单位在预算的执行过程中实际消耗掉的各项资金及材料等，它体现了行政单位公务活动的进展情况。为了加强对拨入经费的管理，行政单位的经费支出只核算预算经费的实际支出数，不包括已经从银行支取款项而尚未支付的资金，如提取的备用金、预付的差旅费、购入尚未使用的材料等。这部分资金在没有报销前只作为银行支出数而不能作为实际支出数列作经费支出处理。

### （二）实际支出数与银行支出数的关系

银行支出数是指行政单位的银行存款拨入经费专户的支出数。实际支出数是指行政单位办理的经费支出数，二者都是拨入经费资金活动的反映，但在时间的确认上有所不同，银行支出数主要是作为财政资金领拨账款结算的依据，款项一经银行付出，支出金额即已确定，而实际支出数则是以是否在单位报销为结账的基准。因此，在本期实现的银行支出数不一定都在本期形成实际支出，它们之间的差额称为银行支出未报数，银行支出数与实际支出数的关系如图 7-2 所示。

一般地说，行政单位总是有少量的库存现金及材料，银行支出数略大于实际支出数，它们之间的差额就是银行支取未报数，但数额不能过大，为了防止资金过于分散，财政部门或上级主管部门应对各行政单位的银行支出未报数实行定额管理，核定其正常的周转额。行政单位在经费支出的管理上要尽量使银行支取未报数保持在定额范围之内，超出定额部分应及时处理，保证拨入经费的合理使用。如图 7－2 所示。

本期银行支出数 ＝ 本期实际支出数 ＋ 本期银行支出未报数

＝ 本期实际支出数 ＋（本期银行支出未报数 － 本期银行支出未报数的期初数）

**图 7－2 实际支出数与银行支出数关系的等式**

## （三）经费支出的管理

为了加强支出管理的要求，行政单位在办理经费支出时，必须严格遵守国家有关的财政财务制度的规定，具体包括：

（1）按批准的预算和计划用款。各单位的经费支出必须按照批准的预算和计划规定的用途和开支范围办理，不得办理无预算、超预算的支出，也不得以领代报、以拨作支。

（2）按财务制度和开支标准办理支出。必须遵守国家规定的各种财务制度、定员定额和费用开支标准，不得任意改变。开支标准是中央和地方政府财政根据办事需要和节约原则，对某些经常性支出项目的开支范围和额度所作出的规定，具有强制性。对于违反财经纪律的开支，不得报销支付。

（3）勤俭节约，讲究支出的经济效果。各单位办理经费支出必须勤俭节约，既保证行政任务的完成，又要合理节约地使用资金，特别要讲究支出的经济效果。

（4）按规定的渠道分别列支。属于基本建设支出、专项资金的支出等，不能列入经常性经费支出。

（5）具有合法凭证。各单位办理经费支出必须取得合法的原始凭证，每一笔支出做到有根有据，对有关凭证经认真审查，符合规定要求的，才能付款、报销。

## （四）经费支出的列报口径

为了加强对拨入经费的管理，行政单位的经费支出只核算预算经费的实际支出数，不包括已经从银行支取款项而尚未支付的资金，如提取的备用金、预付的差旅费、购入尚未使用的材料等。这部分资金在没有报销前只作为银行支取数而不能作为实际支出数列作经费支出处理。国家对经费支出的列报有统一口径，具体规定如图7-3所示。

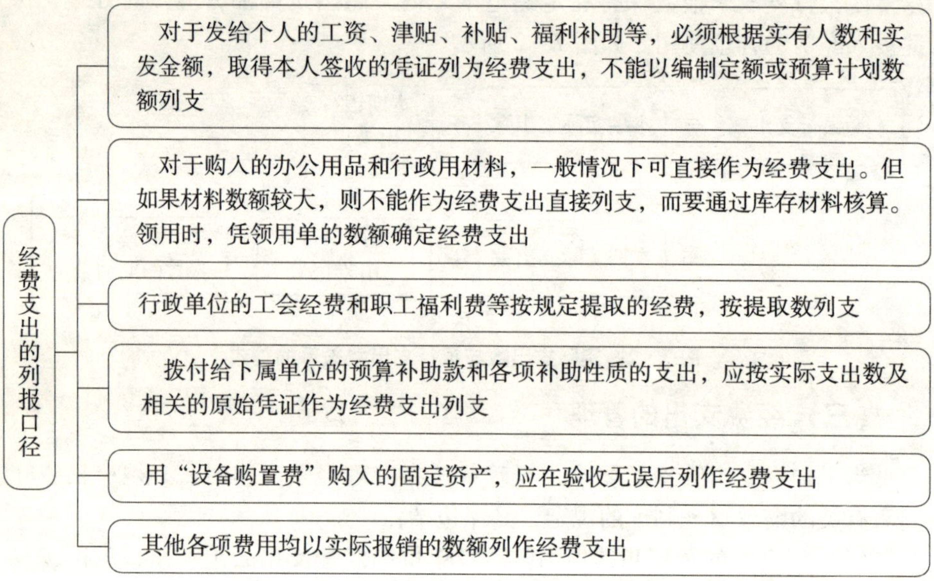


**图7-3 行政单位经费支出的列报口径**

另外，在经费支出报销时，应注意以下两点：一是支付的各种罚款不能在经费支出中列支，而要由单位的自有资金支付，其中应由职工个人承担的不得由单位支出；二是行政单位购买的国库券和其他有价证券，应单独作为有价证券核算，而不能把购买证券的费用列作经费支出。

## （五）经费支出收回的处理

已经列作经费支出后又收回的款项，称为经费支出的收回。对经费支出收回的有关规定如表7-2所示。

**表7-2 经费支出收回的处理**

| 经费支出的款项 | 收回的处理 |
|---|---|
| 收回本年度已列为经费支出的款项 | 冲减当年的经费支出，而不能作为预算外收入处理 |
| 收回以前年度已列为经费支出的包干支出 | 增加上年度结余，不能冲减本年度的经费支出；除同级财政部门有特殊规定外，应缴回同级财政机关 |

（续表）

| 经费支出的款项 | 收回的处理 |
|---|---|
| 材料的盘盈、盘亏和变价处理的差价 | 一般作为增加或减少本年度相应支出处理 |
| 固定资产的变价净收入和报废收回的残值净收入 | 作为本单位的其他收入，不能冲减本年度的经费支出 |
| 毁损、报废的固定资产在清理过程中发生的净支出 | 记入经费支出 |

## 二、经费支出的会计核算

为了核算和监督行政单位经费预算的实际支出数，行政单位应设置“经费支出”科目，借方登记发生的经费支出数，贷方登记支出收回或冲销转出数，平时借方余额反映经费实际支出累计数，年终转账后，本科目无余额。其具体内容如表7－3所示。

**表7－3 经费收入**

| 借 方 | 贷 方 |
|---|---|
| 发出支出 | （1）支出收回或冲销转出<br>（2）年终转入结余 |
| 余额：（1）平时反映累计收入数<br>（2）年末余额是“0” | |

发生支出时，借记本科目，贷记“银行存款”、“现金”等科目；支出收回或冲销转出时，借记有关科目，贷记本科目。年终，本科目借方余额应转入“结余”科目，借记“结余”科目，贷记本科目。具体会计处理如图7－4所示。

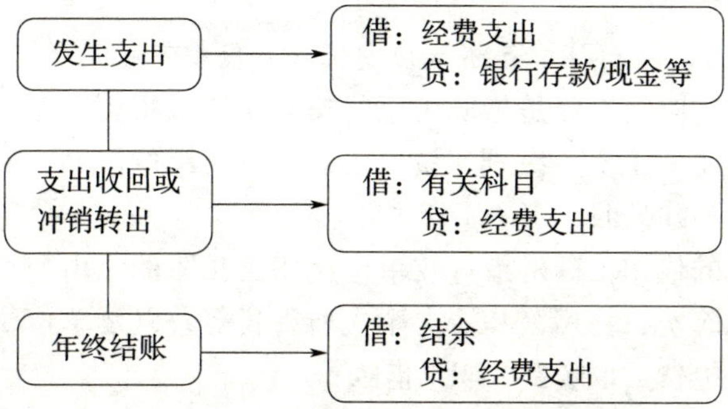


**图7－4 “经费支出”的会计处理**

本科目应按经常性支出和专项支出分设二级科目，二级科目下按财政部门统一规定的“目”、“节”级支出科目设置明细账。对于实行预算外资金结余上缴财政专户办法的行政单位，为了能准确核算其对应支出，应当按预算外资金项目设置支出明细账。

## （一）人员支出核算

人员支出是指反映行政单位开支的在职职工和临时聘用人员的各种劳动报酬，以及为上述人员的交纳的各种社会保险等。按照现行的《政府预算收支科目——一般预算支出目级科目》所分类的会计核算内容包括基本工资、津贴、资金、社会保障缴费及其他人员支出。

### 1. 工资核算

（1）工资的范围。

工资范围的具体内容如表7-4所示。

**表7-4　行政单位人员的工资范围**

| 包括的项目 | 不包括的项目 |
| --- | --- |
| 基本工资 | 离休费、退休费、离退休人员护理费和补贴 |
| 津贴和补贴 | 医疗保险、住房补贴 |
| 奖金 | 稿费、讲课费 |
| 加班工资 | 差旅费包干费、出差住勤补贴、误餐补贴 |
| 特殊情况下的工资等 | 职工困难补助、独生子女父母奖励 |

（2）工资的计算。

行政单位正常工资是指按月发放的计时工资，通过编制工资表的形式进行计算。工资表由应发工资、代扣工资、实发工资三个部分组成，用公式表示为：

实发工资=应发工资-代扣工资

行政单位的应发工资是指职工每月按规定应该得到的工资总额，主要包括基础工资、职务工资、级别工资、工龄工资、岗位津贴、奖金、各种补贴等，同时，要扣除病假、事假工资。

行政单位的代扣工资是指行政单位代职工扣缴的应由职工负担的法定费用，如医疗保险费、住房公积金、个人所得税等，以及单位为职工垫付的费用，如水费、电费、取暖费、职工借款等。

行政单位的实发工资是单位实际用现金发给职工的工资。行政单位工资的具体内容如表7-5所示。

**表 7-5 行政单位工资表**

部门： 年 月

| 员工号 | 姓名 | 基础工资 | 服务工资 | 级别工资 | 工龄工资 | 岗位津贴 | 物价补贴 | 交通费补贴 | 考勤奖 | 应发工资 | 代扣医保 | 代扣公积金 | 代扣所得税 | 代扣水电费 |
|---|---|---|---|---|---|---|---|---|---|---|---|---|---|---|
| | | | | | | | | | | | | | | |
| | | | | | | | | | | | | | | |
| | | | | | | | | | | | | | | |
| | | | | | | | | | | | | | | |
| 合计 | | | | | | | | | | | | | | |

行政单位职工病假、事假按规定应当扣减工资，各省市都有专门的规定。一般病假以2个月为界限，根据工龄不同，按比例发给工资。事假分国内与国外，分别以1个月和3个月为上限，超期停发工资。

按照规定，病假工资的计算以连续停止工作6个月为界限，待遇是不同的。行政单位的事假，扣除事假期间的法定休假外，必须扣减30%～100%的基本工资。

### 案例解析

**【例7-1】** 某行政单位的病假及事假工资制度如表7-6、表7-7所示。

**表 7-6 病假工资制度**

<table>
<tr><td>项目</td><td colspan="5">病假工资</td></tr>
<tr><td rowspan="3">条件</td><td colspan="3">连续停工医疗6个月以内</td><td colspan="2">连续停工医疗6个月以上的从第7个月起</td></tr>
<tr><td rowspan="2">2个月以内</td><td colspan="2">3～6个月</td><td rowspan="2">工作年限不满10年</td><td rowspan="2">工作年限满10年</td></tr>
<tr><td>工作年限不满10年</td><td>工作年限满10年</td></tr>
<tr><td>待遇标准</td><td>100%</td><td>90%</td><td>100%</td><td>70%</td><td>80%</td></tr>
<tr><td>计算基数</td><td colspan="5">基础工资、职务工资、级别工资、工龄工资、岗位工资之和</td></tr>
<tr><td>附注</td><td colspan="5">上述病假人员除计算基数外的其他津贴、奖金、补贴等如何发放由单位自行规定执行，对病假2个月以上不满6个月的最高不能超过80%，病假6个月以上的最高不能超过70%</td></tr>
</table>

表 7－7　事假工资制度

| 类别 | 事假时间 | 扣减标准（日基本工资） | 计算基数 |
| --- | --- | --- | --- |
| 因私出国事假 | 半个月至一个月（含） | 30% | 日基本工资＝（基础工资＋职务工资＋级别工资＋工龄工资＋岗位津贴）÷21 天 |
| | 一个月到二个月（含） | 40% | |
| | 二个月至三个月（含） | 50% | |
| | 超过三个月 | 停发工资 | |
| 国内事假 | 30 天以下 | 50% | |
| | 30 天以上 | 停发工资 | |

该单位工龄达 35 年的工作人员甲某 2011 年 12 月的工资表如表 7－8 所示。

表 7－8 工资表

部门：××单位　　　　2011 年 12 月

| 员工号 | 姓名 | 基础工资 | 服务工资 | 级别工资 | 工龄工资 | 岗位津贴 | 物价补贴 | 交通费补贴 | 考勤奖 | 应发工资 | 代扣医保 | 代扣公积金 | 代扣所得税 | 代扣水电费 | 实发工资 |
| --- | --- | --- | --- | --- | --- | --- | --- | --- | --- | --- | --- | --- | --- | --- | --- |
| 001 | 甲 | 460 | 560 | 680 | 70 | 220 | 100 | 80 | 100 | 2 270 | 58 | 200 | 20.6 | 56 | 1 935.4 |
| | | | | | | | | | | | | | | | |
| | | | | | | | | | | | | | | | |
| | | | | | | | | | | | | | | | |

根据题中所给信息，回答以下问题。

（1）根据本市规定，从 2011 年起，物价补贴、交通补贴发 80%，考勤奖停发，计算甲某 2011 年 1 月份的应发工资。

（2）假定甲某从 2011 年 1 月份起，请病假 1 个半月，计算甲某 1 月份的应发工资。

（3）假定甲某从 2011 年 1 月份起，请病假 8 个半月，计算甲某 7 月份的应发工资。

（4）假定甲某 2011 年 1 月份事假 10 天，其中公休日 4 天，计算应扣工资。

**计算及分析如下。**

（1）由于物价补贴、交通补贴发 80%，考勤奖停发，根据表 7－8 计算如下。

甲某2011年1月份的应发工资

=（基础工资+服务工资+级别工资+工龄工资+岗位津贴）+（物价补贴+交通费补贴）

=（460+560+680+70+220）+（100+80）×80%

=2 134（元）

（2）由于甲某病假在2个月以内，且工龄达35年，根据表7-6，待遇标准应为100%。因此，

甲某2011年1月份的应发工资

=（基础工资+服务工资+级别工资+工龄工资+岗位津贴）+（物价补贴+交通费补贴）

=（460+560+680+70+220）+（100+80）×80%

=2 134（元）

（3）由于甲某病假已经超过6个月，且工龄达35年，根据表7-6，待遇标准应为100%，且除计算基数外的其他津贴、奖金、补贴等发放比例最高不能超过70%，因此，

甲某2011年1月份的应发工资

=（基础工资+服务工资+级别工资+工龄工资+岗位津贴）×80%+（物价补贴+交通费补贴）×70%

=（460+560+680+70+220）×80%+（100+80）×70%

=1 718（元）

（4）日基本工资=（460+560+680+70+220）÷21=94.77（元）

应扣工资=94.77×（10-4）=568.57（元）

甲某1月份事假应扣工资将在2月份发放工资时扣除。

（3）个人所得税的计算。

行政单位在对本单位职工发放工资、资金和对外单位个人支付费用时，按照《中华人民共和国个人所得税法》及有关规定，代扣代缴个人所得税。我国对个人所得税的征收采用超额累进税率的办法。个人所得税按3 500元/月的起征标准计算，计算公式如下：

应纳税额=全月应纳税所得额×税率-速算扣除数

全月应纳税所得额=（应发工资-四金）-3 500

实发工资=应发工资-四金-缴税

具体计税标准如表7-9所示。

表7－9　工资、薪金所得适用个人所得税七级超额累进税率表

| 级数 | 全月应纳税所得额（含税所得额） | 税率（%） | 速算扣除数 |
|---|---|---|---|
| 1 | 不超过1500元的 | 3 | 0 |
| 2 | 超过1 500元至4 500元部分 | 10 | 105 |
| 3 | 超过4 500元至9 000元部分 | 20 | 555 |
| 4 | 超过9 000元至35 000元部分 | 25 | 1005 |
| 5 | 超过35 000元至55 000元部分 | 30 | 2755 |
| 6 | 超过55 000元至80 000元部分 | 35 | 5505 |
| 7 | 超过80 000元的部分 | 40 | 13505 |

### 案例解析

**【例7－2】**　某行政单位工作人员乙某2011年12月应发工资4 560元，计算乙某该月的应纳税额。（本题不考虑四金）

全月应纳税所得额＝4 560－3 500＝1 060（元）。

乙应纳个人所得税＝1 060×3%＝31.8（元）。

（4）工资的会计核算。

工资核算按照现行的《政府预算收支科目》的一般预算支出科目规定，在人员支出下设置了“基本工资、津贴、资金、其他”四个目级科目。

“基本工资”科目反映国家统一规定的基本工资，包括：

①机关（指各级人大、政协、法院、检察院、政府、党派、人民团体）的行政人员、人民警察的基础工资、职务工资、级别工资、工龄工资。

②机关工人的岗位（技术等级）工资与国家规定比例的资金。

③事业单位工作人员的固定工资和国家规定比例的工资。

④各类学校毕业生见习期间的临时待遇。

⑤军队（含武警）军官、文职干部的职务（专业技术等级）工资、军衔（级别）工资、基础工资和军龄工资。

⑥军队士官的军衔等级工资、基础工资和军龄工资。

行政单位可以根据核算需要，在“基本工资”科目下增设“基础工资、职务工资、级别工资、工龄工资”等节级科目。

“津贴”科目是反映单位在基本工资以外按照国家规定开支的机关事业单位职工的艰苦边远地区的津贴、公务员岗位津贴、事业单位津贴、军人津贴和其他各种补贴等。公务员的岗位津贴包括公安干警特殊岗位津贴、公安干警值勤岗位津贴、海关工作人员岗位津贴、人民法院干警岗位津贴、审计人员外勤工作补贴、纪检监察人员外出办案补贴等；军人士官人员的教龄津贴、

护龄津贴等；其他各种补贴是指1993年工资改革后按照国家规定予以保留的各种补助。

“奖金”科目反映单位按照国家规定开支的各类奖金，如国家统一规定的机关事业单位年终一次性奖金、运动员奖金等。

“其他”科目反映上述未包括的各种加班费、病假两个月以上期间的人员工资、编制外长期聘用人员及临时工工资等。

**案例解析**

【例7－3】 某行政单位2011年12月5日共发放在职职工工资228 880元，其中：基础工资36 730元、职务工资43 330元、级别工资40 800元、工龄工资3 630元、岗位津贴30 576元、物价补贴58 000元、交通费补贴6 080元，考勤奖7 600元、病假工资2 134元；代扣工资46 100元，其中：医疗保险费4 408元、住房公积金10 760元，个人所得税30 932元，实发工资182 780元，开出转账支票，委托银行代发。其会计分录如下：

| | | |
|---|---|---|
| 借：经费支出——经常性支出——预算内经常性支出（基本工资） | 124 490 | |
| ——预算内经常性支出（津贴） | 94 656 | |
| ——预算内经常性支出（奖金） | 7 600 | |
| ——预算内经常性支出（其他） | 2 134 | |
| 贷：暂存款——医疗保险费 | | 4 408 |
| ——住房公积金 | | 10 760 |
| ——个人所得税 | | 30 932 |
| 银行存款 | | 182 780 |

2. **社会保险缴费核算**

社会保险缴费是指行政单位为职工交纳给当地社会保险管理机构的基本养老保险、医疗保险、失业保险、工伤保险、生育保险和住房公积金。

（1）社会保险缴费的计算。

职工社会保险缴费基数按照本人上年度月平均工资核定，新设立单位的职工和用人单位新增的职工按照本人起薪当月的工资核定。本人上年度月平均工资或起薪当月的工资低于上年度全市职工月平均工资60%的，按照上年度全市职工月平均工资的60%核定，超过上年度全市职工月平均工资300%的，按照上年度全市职工月平均工资的300%核定。公司代扣代缴的员工个人承担保险费用列入公司工资总额中。

### 案例解析

【例7－4】 表7－10为北京城镇户口社会保险缴费要求，某行政单位李某上年月平均工资为5 800元，计算李某2011年11月份应缴的社会保险费。（假定工伤保险单位缴费比例为1%）

表7－10 社会保险缴费计算表

北京城镇户口　　执行时间：2011.7.1－2012.6.31

| | 养老保险 | 医疗保险 | 失业保险 | 工伤保险 | 生育保险 | 住房公积金 |
|---|---|---|---|---|---|---|
| 缴费基数 | 上年月平均工资 | 上年月平均工资 | 上年月平均工资 | 上年月平均工资 | 上年月平均工资 | 上年月平均工资 |
| 缴费基数上下限 | 市平均工资的40%~300% | 市平均工资的60%~300% | 市平均工资的40%~300% | 市平均工资的40%~300% | 市平均工资的60%~300% | 上限：市平均工资的300% |
| 单位缴费比例 | 20% | 10% | 1.5% | 0.5%、1%、2% | 0.8% | 12% |
| 个人缴费比例 | 8% | 2%+3 | 0.5% | | | 12% |
| 备注 | 请注意：2011年个人所得税扣除数为3 500元。 | | | | | |

①单位负担：5 800×（20%＋10%＋1.5%＋1%＋0.8%＋12%）＝2 627.4（元）。

②个人负担：5 800×（8%＋2%＋0.5%＋12%）＋3＝1 308（元）。

③应缴医疗保险费：2 627.4＋1 308＝3 935.4（元）。

（2）社会保险缴费的会计核算。

社会保险缴费按照现行《政府预算收支科目》的一般支出级别规定，在人员支出下设置“社会保险缴费”目级科目，用于核算单位为职工缴纳的基本养老、医疗、失业、工伤等社会保险费。

### 案例解析

【例7－5】 2011年11月10日，某行政单位缴纳医疗保险费89 680元，其中，单位负担78 660元，职工个人负担11 020元，开出转账支票转入银行纳税专户，同时，收到税务局开具的医疗保险费缴款凭证（由税务局代征）。其会计分录如下：

借：经费支出——经常性支出——预算内经常性支出（社会保险缴费） 78 660

暂存款——医疗保险费 11 020

贷：银行存款 89 680

## （二）公用支出核算

公用支出是反映行政单位购买商品和支付劳务的支出，包括办公费、印刷费、水电费、邮电费、取暖费、交通费、差旅费、会议费、培训费、招待费、福利费、劳务费、就业补助费、租赁费、物业管理费、维修费、专用材料费、办公设备购置费、专用设备购置费、交通工具购置费、图书资料购置费及其他公用支出。

**1. 办公费和印刷费核算**

（1）办公费核算。

办公费是反映单位购买办公用品、书报杂志的支出以及日常印刷费的支出。办公费核算按照《政府预算收支科目》的一般经费支出科目的目级科目“办公费”设置，用于核算单位购买办公用品、书报杂志、银行票据、手续费以及日常打印费用。该科目是支出类的目级明细科目，发生费用记借方，费用冲销和年末结转到结余记贷方，平时账户余额反映办公费累计支出数，年终结转后无余额。

**案例解析**

**【例7-6】** 某行政单位职员报销打印机墨盒3只，计900元，经审核无误，出纳以现金支付。其会计分录如下：

借：经费支出——经常性支出——预算内经常性支出（办公费） 900

贷：现金 900

（2）印刷费核算。

印刷费是指单位印制大宗账簿、报表、凭证、规章制度、资料等的支出。印刷费核算按照《政府预算收支科目》的一般经费支出科目的目级科目“印刷费”设置，用于核算单位印刷大宗账簿、报表、凭证、规章制度等的印刷费用。该科目是支出类的目级明细科目，发生费用记借方，费用冲销和年末结转到结余记贷方，平时账户余额反映印刷费累计支出数，年终结转后无余额。

**案例解析**

**【例7-7】** 某行政单位职工报销毕业证书印刷费20 000元，毕业生登记表800元，经审核无误，出纳开出转账支票支付给印刷公司，由预算外资金开支。其会计分录如下：

借：经费支出——经常性支出——预算外经常性支出（印刷费） 20 800

贷：银行存款 20 800

**2. 水电费、邮电费、取暖费核算**

（1）水电费核算。

行政单位的水电费是指支付给自来水公司的生活用水及饮用水公司的纯净水、污水处理厂的污水处理费及电力公司的电费。水电费核算按照《政府预算收支科目》的一般经费支出科目的目级科目“水电费”设置，用于核算单位支付的水费、污水处理费及电费。该科目是支出类的目级明细科目，发生费用记借方，冲销费用和年末结转到结余记贷方，平时账户余额反映水电费累计支出数，年终结转后无余额。

单位为了更清楚地反映水费、电费、污水处理费的详细情况，可以在“水电费”科目下增设“水费”、“电费”、“污水处理费”三个节级科目分别核算。

**案例解析**

**【例7-8】** 某行政单位收到银行转来的自来水公司的银行委托收款凭证和水费、电费发票，收取上月水费5 800元，电费56 800元，经审核无误，同意承付。其会计分录如下：

借：经费支出——经常性支出——预算内经常性支出（水电费） 62 600

贷：银行存款 62 600

（2）邮电费核算。

邮电费是指行政单位支付给邮政公司的信函、包裹、货物的邮寄费；支付给电信、电话公司的电话通讯费，网络公司的网络通讯费，包括发给职工的电话费补贴。邮电费核算按照《政府预算收支科目》的一般经费支出科目的目级科目“邮电费”设置。该科目是支出类的目级明细科目，发生费用记借方，冲销费用和年末结转到结余记贷方，平时账户余额反映邮电费累计支出数，年终结转后无余额。

单位为了更清楚地反映邮寄费、电话通讯费、网络通讯费的详细情况，可以在“邮电费”科目下增设“邮寄费”、“电话费”、“网络费”三个节级科目分别核算。

**案例解析**

【例7-9】 某行政单位收到中国网通公司发票1张，内列本年网络通讯费10 600元，经审核无误，开出银行转账支票支付。其会计分录如下：

借：经费支出——经常性支出——预算内经常性支出（邮电费） 10 600

　　贷：银行存款 10 600

（3）取暖费核算。

取暖费是指我国北方地区的单位冬天取暖支出，包括取暖用的燃料费、热力费、炉具购置费、锅炉临时工的工资、节煤奖以及单位承担的在职职工、离退休人员宿舍的取暖费支出。取暖费核算按照《政府预算收支科目》的一般经费支出科目的目级科目“取暖费”设置。该科目是支出类的目级明细科目，发生费用记借方，向职工收回取暖费和年末结转到结余记贷方，平时账户余额反映取暖累计支出数，年终结转后无余额。

**案例解析**

【例7-10】 某行政单位收到热力公司发票1张，上月办公室和职工宿舍供热费28 350元，经审核无误，开出银行转账支票支付。其会计分录如下：

借：经费支出——经常性支出——预算内经常性支出（取暖费） 28 350

　　贷：银行存款 28 350

**3. 交通费、差旅费、培训费核算**

（1）交通费核算。

交通费是指单位自有或租用的汽车、摩托车、船舶等交通工具的各种支出，包括燃料费、维修费、保险费、过桥过路费、驾驶员安全奖励费用和里程补贴费、车船租用费等。交通费核算按照《政府预算收支科目》的一般经费支出科目的目级科目“交通费”设置。该科目是支出类的目级明细科目，发生费用记借方，冲销费用和年末结转到结余记贷方，平时账户余额反映交通费累计支出数，年终结转后无余额。

案例解析

【例7-11】 某行政单位向汽车服务公司租用轿车一辆，签订了租用合同，租期3个月，租金总额9 000元，另付押金60 000元，租金发票和押金收据均收到，经审核无误，开出电汇单支付。其会计分录如下：

借：经费支出——经常性支出——预算内经常性支出（交通费）

9 000

暂付款 60 000

贷：银行存款 69 000

（2）差旅费核算。

差旅费是指单位工作人员因公出差或出国的路费、住宿费、伙食补助费、杂费及干部调动和大中专学生分配工作的调遣等。差旅费核算按照《政府预算收支科目》的一般经费支出科目的目级科目“差旅费”设置。该科目是支出类的目级明细科目，发生费用记借方，年末结转到结余记贷方，平时账户余额反映差旅费累计支出数，年终结转后无余额。

案例解析

【例7-12】 某行政单位报销派出人员到国外考察的职业教育费用68 800元，经审核无误，开具往来款收据一张69 000元，收回现金200元，结清原预借差旅费。其会计分录如下：

借：经费支出——经常性支出——预算内经常性支出（差旅费）

68 800

现金 200

贷：暂付款 36 000

值得注意的是，干部工作调动，原单位预付的调遣费，一般在工作调动的介绍信上注明，到新单位结算，多退少补，只做差额部分。如果收回多余的，则冲减“经费支出——经常性支出——预算内经常性支出（差旅费）。”

（3）培训费核算。

培训费是指行政单位支付干部职工的各类培训支出，包括上岗前培训、岗位技能培训、执行资格培训、公务员教育培训、学历教育等由单位承担的费用。培训费核算按照《政府预算收支科目》的一般经费支出科目的目级科目“培训费”设置。该科目是支出类的目级明细科目，发生费用记借方，年末结转到结余记贷方，平时账户余额反映培训费累计支出数，年终结转后无余额。

**案例解析**

【例7-13】 某行政单位一位工作人员函授本科毕业，按规定报销学费20 000元，经审核无误，以现金支付。其会计分录如下：

借：经费支出——经常性支出——预算内经常性支出（培训费） 20 000

贷：现金 20 000

4. **会议费、招待费核算**

（1）会议费核算。

会议费是指行政单位召开会议的支出，包括会议的住宿费、伙食补助费、会场租用费、文件资料印刷费等。会议费核算按照《政府预算收支科目》的一般经费支出科目的目级科目“会议费”设置。该科目是支出类的目级明细科目，发生费用记借方，年末结转到结余记贷方，平时账户余额反映会议费累计支出数，年终结转后无余额。

**案例解析**

【例7-14】 某行政单位总务科报销本月的会议费10 500元，其中，住宿费5 000元、会场租费3 000元、伙食补助2 000元、打印费等其他杂费500元，经审核无误，开出转账支票支付给酒店。其会计分录如下：

借：经费支出——经常性支出——预算内经常性支出（会议费） 10 500

贷：银行存款 10 500

（2）招待费核算。

招待费是行政单位接待客人（含外宾）的支出，包括由单位支付的餐饮费、住宿费、交通费等。招待费核算按照《政府预算收支科目》的一般经费支出科目的目级科目“招待费”设置。该科目是支出类的目级明细科目，发生费用记借方，年末结转到结余记贷方，平时账户余额反映招待费累计支出数，年终结转后无余额。

案例解析

【例7－15】　某行政单位接待上调查发生费用3 600元，收到酒店开具的发票1张，经审核无误，以转账支票付讫。其会计分录如下：

借：经费支出——经常性支出——预算内经常性支出（招待费）　3 600

　贷：银行存款　3 600

5. 劳务费、就业补助费核算

（1）劳务费核算。

劳务费是指支付给外单位或个人的劳务费用，如翻译费、咨询费、手续费等。劳务费核算按照《政府预算收支科目》的一般经费支出科目的目级科目“劳务费”设置。该科目是支出类的目级明细科目，发生费用记借方，年末结转到结余记贷方，平时账户余额反映劳务费累计支出数，年终结转后无余额。

案例解析

【例7－16】　某教育局支付张教授咨询费6 000元，经审核无误，以现金付讫。其会计分录如下：

借：经费支出——经常性支出——预算内经常性支出（劳务费）　6 000

　贷：现金　6 000

（2）就业补助费核算。

就业补助费是指单位支付给下岗职工、残疾人、退伍军人的一次性就业补助费。就业补助费核算按照《政府预算收支科目》的一般经费支出科目的目级科目“就业补助费”设置。该科目是支出类的目级明细科目，发生费用记借方，年末结转到结余记贷方，平时账户余额反映就业补助费累计支出数，年终结转后无余额。

案例解析

【例7－17】　某行政单位按本市人民政府规定，支付残疾人就业补助费18 600元，收到市残疾人服务中心统一收费收据1张，经审核无误，以转账支票付讫。其会计分录如下：

借：经费支出——经常性支出——预算内经常性支出（就业补助费）
18 600
　　贷：银行存款　18 600

**6. 福利费、工会经费核算**

（1）福利费核算。

福利费是指单位按国家规定提取的用于职工福利的费用，行政单位按照职工人数（包括离退休人员），每人每月 10 元标准提取使用。福利费核算按照《政府预算收支科目》的一般经费支出科目的目级科目“就业补助费”设置，用来核算行政单位按国家规定提取的职工福利费。该科目是支出类的目级明细科目，发生费用记借方，年末结转到结余记贷方，平时账户余额反映福利费累计支出数，年终结转后无余额。

**案例解析**

**【例 7－18】** 某行政单位按规定提取本月福利费 1 030 元（10 元 × 103 人）。其会计分录如下：

借：经费支出——经常性支出——预算内经常性支出（福利费）
1 030
　　贷：暂存款　1 030

（2）工会经费核算。

工会经费是指单位按规定提取的支付给工会的费用，现行按职工工资总额的 2% 提取，其中 60% 支付给单位工会，余下的 40% 支付给当地总工会。在公用支出的“其他”目级科目下增设“工会经费”科目，用来核算行政单位按国家规定提取的工会经费。该科目是支出类的节级明细科目，提取工会经费时记借方，年末结转到结余记贷方，平时账户余额反映工会经费累计提取数，年终结转后无余额。

如果不设“工会经费”节级科目的，也可以直接在公用支出的“其他”目级科目核算。

**案例解析**

**【例 7－19】** 某行政单位本月工资总额 186 540 元，按规定提取工会经费，60%给单位工会，40%上缴总工会。

工会经费 = 186 540 × 2% = 3 730.8（元）。

其中，单位工会 =3 730.8 ×60% =2 238.48（元），总工会经费 =3 730.8 ×40% =1 492.32（元）。

其会计分录如下：

借：经费支出——经常性支出——预算内经常性支出——其他（工会经费） 3 730.8

贷：暂存款——工会经费 2 238.48

——总工会经费 1 492.32

7. **租赁费、物业管理核算**

（1）租赁费核算。

租赁费是指单位租用办公用房、宿舍、专用通讯网等支出。租赁费核算的会计科目按照《政府预算收支科目》的一般支出科目的目级科目“租赁费”设置。该科目是支出类的节级明细科目，支付时记借方，冲销费用和年末结转到结余记贷方，平时账户余额反映租赁费累计支出数，年终结转后无余额。

**案例解析**

**【例 7－20】** 某行政单位支付办公用房租费 30 000 元，宿舍用房租费 8 000 元，经审核无误，以现金付讫。其会计分录如下：

借：经费支出——经常性支出——预算内经常性支出（租赁费） 38 000

贷：现金 38 000

（2）物业管理费核算。

物业管理费是指单位支付给物业管理公司的办公用房、职工宿舍物业管理费支出。物业管理费核算的会计科目按照《政府预算收支科目》的一般支出科目的目级科目“物业管理费”设置。该科目是支出类的目级明细科目，支付时记借方，冲销费用和年末结转到结余记贷方，平时账户余额反映物业管理费累计支出数，年终结转后无余额。

**案例解析**

**【例 7－21】** 某行政单位支付物业公司物业管理费 25 000 元，经审核无误，以转账支票付讫。其会计分录如下：

借：经费支出——经常性支出——预算内经常性支出（物业管理费） 25 000

贷：银行存款 25 000

**8. 维修费、专用材料费核算**

(1) 维修费核算。

维修费是指单位支付的除交通工具以外的固定资产日常维护与修理费用。维修费核算的会计科目按照《政府预算收支科目》的一般支出科目的目级科目“维修费”设置，用来核算行政单位支付的除交通工具以外的固定资产日常维护与修理费用。交通工具维修费在“交通费”核算。该科目是支出类的目级明细科目，支付时记借方，冲销费用和年末结转到结余记贷方，平时账户余额反映物业管理费累计支出数，年终结转后无余额。

(2) 专用材料核算。

专用材料费是指单位购买的药品、医疗耗材、家用材料、兽医用品、实验室用品、军装、专用服装、消耗性体育用品、专用工具、仪器，艺术部门专用材料、用品等支出。专用材料费核算的会计科目按照《政府预算收支科目》的一般支出科目的目级科目“专用材料费”设置，用来核算行政单位购买的药品及医疗耗材、家用材料、兽医用品、实验室用品、军装、专用服装、消耗性体育用品、专用工具和仪器，艺术部门专用材料、用品等领用支出。具体核算内容如表 7－11 所示。

**表 7－11 专用材料分类核算**

| 分类 | 科目设置及账户处理 | |
|---|---|---|
| 对于数量多、领用频繁的大宗材料 | 应当设置“库存材料”科目，核算材料的采购、领用、库存 | 购进付款时，<br>借：库存材料<br>贷：银行存款等 |
| | | 领用时，<br>借：经费支出——经常性支出——预算内经常性支出（专用材料）<br>贷：库存材料 |
| 对于数量少、随购随用的材料，及那些零星的材料 | 不需要通过“库存材料”核算，直接在“经费支出——经常性支出——预算内经常性支出（专用材料费）”科目列为支出 | |

**案例解析**

**【例 7－22】** 某行政单位购进 4 500 元药品，经审核无误，以转账支票付讫。药品由病人领用登记，购买时直接列支。其会计分录如下：

借：经费支出——经常性支出——预算内经常性支出（专用材料费） 4 500

贷：银行存款 4 500

9. 固定资产购置费核算

固定资产购置费是指单位购置固定资产的支出费用。按照新会计准则的规定，凡使用一年以上，单位价值在2 000元以上的资产，称为固定资产。符合下列条件之一者也应列为固定资产。

(1) 属于整体的一部分，不便或不宜划分，而其整体总值符合固定资产标准者，应列为固定资产。

(2) 凡相同种类、规格的设备、器具、使用年限在一年以上，虽然单位价值不足2 000元，但数量较多，总值较大，而又集中管理者也应列为固定资产。

(3) 单台电动机其功率为30KW以上（含30KW）应列为固定资产。

(4) 成套生产装置上的管道、阀门、仪器仪表、线路在竣工时应列为固定资产管理。

行政单位的固定资产购置费按照现行的《政府预算支出科目》的分类，分为办公设备购置费、专用设备购置费、交通工具购置费、图书资产购置费。其会计核算如表7－12所示。

表7－12 行政单位固定资产购置费的会计核算

| 科目设置 | 核算内容 |
|---|---|
| 设置“办公设备购置费”目级科目 | 用来核算单位购买办公家具和一般办公设备的支出，如办公桌、电脑、打印机、传真机、复印机等日常办公的资产 |
| 设置“专用设备购置费”目级科目 | 用来核算单位购买专用设备的支出，如通讯设备、发电设备、交通监管设备、气象设备、进出口监管设备、卫星转发器、档案设备等专用资产支出 |
| 设置“交通工具购置费”目级科目 | 用来核算单位购买汽车、摩托车、船舶等交通工具支出 |
| 设置“图书资产购置费”目级科目 | 用来核算单位按固定资产管理的图书室用的图书资料的购置支出，但不包括日常工作用的图书资料 |

办公设备购置费、专用设备购置费、交通工具购置费、图书资料购置费四个科目是支出类的目级明细科目，购买支付时记借方，冲销费用和年末结转到结余记贷方，平时账户余额反映各类固定资产购置费累计支出数，年终结转后无余额。

**案例解析**

**【例7－23】** 某行政单位通过政府采购，购得以下资产。

(1) 联想电脑4台，单价5 000元，共计20 000元。

(2) 惠普打印机5台，单价2 000元，共计10 000元。

(3) 本田轿车1辆，单价300 000元。

总计330 000元。其中：本田轿车由专项经费安排。开出转账支票转入市人民政府采购中心账户。其会计分录如下：

借：经费支出——经常性支出——预算内经常性支出（办公设备购置费） 20 000

——经常性支出——预算内经常性支出（专用设备购置费） 10 000

经费支出——专项支出——预算内经常性支出（交通工具购置费） 300 000

贷：银行存款 330 000

同时，编制固定资产分录：

借：固定资产 330 000

贷：固定基金 330 000

10. **其他公用支出核算**

其他公用支出是指单位除上述公用支出以外的支出，如离退休人员的特需经费、行政诉讼费和行政赔偿费、会员费、工会经费、来访费、其他杂费等。其他公用支出核算会计科目按照《政府预算收支科目》的一般支出科目的目级科目“其他”设置，用来核算行政单位支出的离退休人员的特需经费、行政诉讼费和行政赔偿费、会员费、工会经费、来访费、其他杂费等日常公用支出。

为了更详细地反映重要的支出情况，可以在“其他”目级科目下，按照支出项目增设节级科目，如离退休人员特需经费、行政诉讼费和行政赔偿费、会员费、工会经费、来访费、其他杂费等，如图7－5所示。

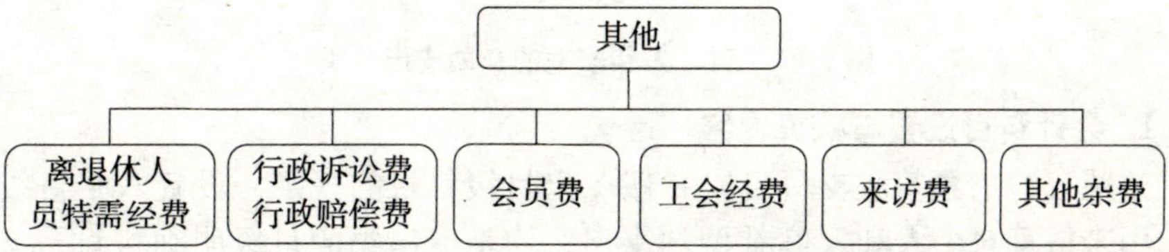


**图7－5 “其他”目级科目下属节级科目**

“其他”目级科目和增设的节级科目都是支出类科目，发生支出时记借方，年末结转到结余记贷方，平时账户余额反映各类费用累计支出数，年终结转后无余额。

**案例解析**

【例7－24】 某行政单位收到市老干部局文件和收据，收取本年度离退休干部特需经费5 000元，经审核无误，用转账支票付讫。其会计分录如下：

借：经费支出——经常性支出——预算内经常性支出（其他） 5 000

贷：银行存款 5 000

## （三）对个人和家庭补助支出的核算

对个人和家庭的补助支出是政府无偿补助个人和家庭的支出，反映出行政单位对社会承担经济责任的具体数据。它包括与单位有管理关系的人员及其家庭（如离休人员离退休费、未参加医疗保险职工的医疗费等），也包括与单位没有管理关系的人员及家庭（如城乡人员生活救济、学生贷款贴息等），具体分为八类：离休费、退休费、退职（役）费、抚恤和生活补助费、医疗费、住房补贴、助学金及其他。具体内容如图7－6所示。

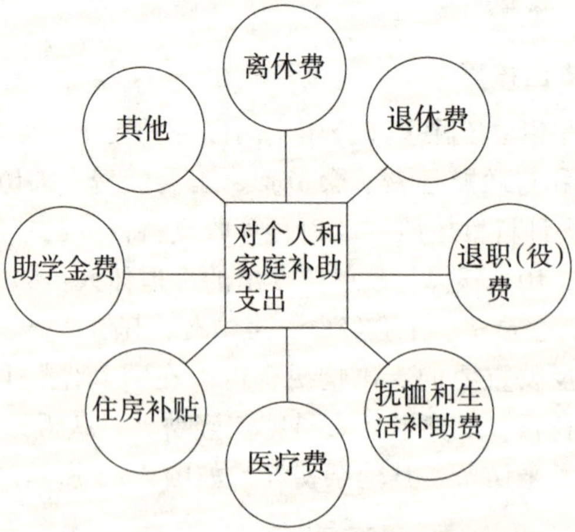


**图7－6 对个人和家庭的补助支出分类**

**1. 会计科目设置与核算内容**

按照《政府预算收支科目》一般支出目级科目的规定，设置八个目级科目，用来核算对个人和家庭补助的支出，均是支出类的目级明细科目，支出时记借方，冲销费用和年末结转到结余记贷方，平时账户余额反映各项目的累计支出数，年终结转后无余额。具体核算内容如表7－13所示。

表7－13 个人和家庭补助支出目级科目的核算内容

| 科目名称 | 核算内容 |
| --- | --- |
| 离休费 | 反映未参加养老保险的行政单位离休人员和移交地方政府安置的军队离休人员的离休费；<br>按国家统一规定发放给离休人员的护理费、其他补贴 |
| 退休费 | 反映未参加养老保险的行政单位退休人员和移交地方政府安置的军队退休人员的退休费；<br>按国家统一规定发放给退休人员的护理费、其他补贴 |
| 退职（役）费 | 反映行政单位退职人员生活补贴；<br>一次性支付给职工或军官、军队无军籍退职职工、军队文职人员有运动员的退职补助；<br>按月支付给自主择业的军队转业干部退役金 |
| 抚恤和生活补助 | 反映按规定支付给烈士家属、牺牲病故人员家庭的一次性和定期抚恤金；<br>革命伤残人员的抚恤金；<br>离退休人员等其他人员的各项抚恤金；<br>优抚对象定期定量生活补助费；<br>退伍军人生活补助费；<br>国有企业下岗职工基本生活费（不含代交的社会保险费）；<br>行政单位职工和遗属生活补助费；<br>因公负伤等住院治疗和疗养院期间的伙食补助费；<br>长期赡养人员补助费；<br>城乡贫困人员、灾民、归侨、华侨及其他人员的生活救济费，包括城乡居民的最低生活保障费，随同资源枯竭矿山破产但未参加养老保险统筹的矿山所属的集体企业退休人员按最低生活保障标准发放的生活费；<br>农村五保户、贫困户、麻风病人的生活救济费；<br>精减退职老弱病残职工救济费等 |
| 医疗费 | 反映未参加基本医疗保险的行政单位在职职工、离退休人员医疗费；<br>军队移交地方安置的离退休人员医疗费；<br>参保人员在医疗保险基金开支范围以外的，按规定应由单位负担的医疗补助 |
| 住房补贴 | 反映单位开支的住房公积金、提租补贴、购房补贴 |
| 助学金 | 反映各类学校学生助学金、奖学金、学生贷款贴息、出国留学（实习）人员生活费、青少年业余体校学员伙食补助费和生活补贴，按照协议由我方负担或享受我方奖学金的来华留学生、进修生生活费等 |

（续表）

| 科目名称 | 核算内容 |
| --- | --- |
| 其他 | 反映未包括上述项目的对个人和家庭的补助支出，如独生子女父母奖励费、婴幼儿补贴、职工探亲旅费、退职人员及随行家属路费、退伍回乡义务兵一次性建房补贴、符合安置条件的城镇退役士兵自谋职业的一次性经济补助等 |

**案例解析**

【例7－25】 某行政单位发给离休干部遗嘱抚恤金800元，通过邮局汇款，另付汇费10元，经审核无误，以现金支付。会计分录如下：

借：经费支出——经常性支出——预算内经常性支出（抚恤和生活补助） 800

——经常性支出——预算内经常性支出（办公费） 10

贷：现金 810

【例7－26】 某行政单位发放本年度独生子女父母奖励费6 000元。会计分录如下：

借：经费支出——经常性支出——预算内经常性支出（其他） 6 000

贷：现金 6 000

# 第三节 拨出经费

## 一、拨出经费的概念

拨出经费是指行政单位按核定预算将财政或上级单位拨入的经费，按预算级次转拨给下属预算单位的资金。如果行政单位是主管会计单位或二级会计单位，那么，从财政部门或上级主管会计单位取得的预算经费中包含着其所属单位的预算经费。主管会计单位或二级会计单位应当在取得预算经费时，及时将归其所属单位部分转拨。拨出经费包括拨出经常性经费和拨出专项经费两部分。

## 二、拨出经费的会计核算

为了核算行政单位按核定预算拨付所属单位的预算资金，应设置“拨出经费”账户。该账户属支出类账户，其借方登记对所属单位转拨经费数，贷方登记收回或冲销转出数，平时借方余额反映拨出经费累计数。年终，本账户借方余额转入“结余”账户后即应无余额。本账户应按“拨出经常性经费”和“拨出专项经费”分设二级账户，并按所属拨款单位设置明细账，进行明细分类核算。

行政单位对其所属单位转拨经费时，借记“拨出经费”账户，贷记“银行存款”等账户；收回或冲销转出时，借记“银行存款”账户，贷记“拨出经费”账户。年终，“拨出经费”账户借方余额转入“结余”账户，借记“结余”账户，贷记“拨出经费”账户。具体会计处理如图 7－7 所示。

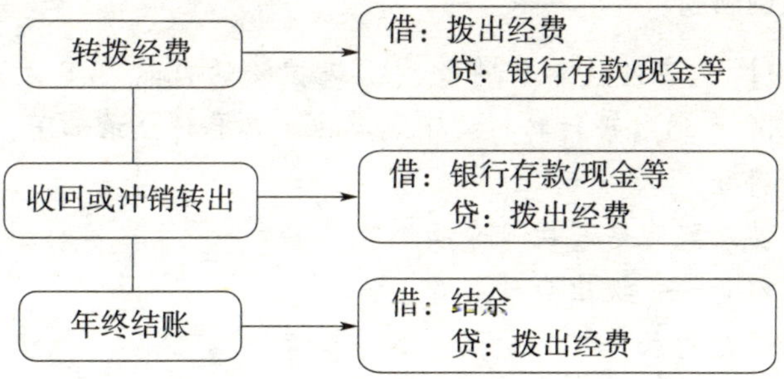


**图 7－7 “拨出经费”科目的会计处理**

### （一）有关“拨出经费——拨出经常性经费”的会计核算

**案例解析**

**【例 7－27】** 某行政单位收到财政部门拨来的本月经费 780 000 元，转拨给下属单位本月经费 180 000 元。会计分录如下：

借：银行存款　　780 000

　　贷：拨入经费——拨入经常性经费　　780 000

借：拨出经费——拨出经常性经费　　180 000

　　贷：银行存款　　180 000

【例 7－28】 某行政单位收到下属单位缴回的剩余经费 7 300 元。会计分录如下：

借：银行存款 7 300

　　贷：拨出经费——拨出经常性经费 7 300

【例 7－29】 年终，某行政单位将“拨出经费——拨出经常性经费”的借方余额 650 000 元转入“结余——经常性结余”。会计分录如下：

借：结余——经常性结余 650 000

　　贷：拨出经费——拨出经常性经费 650 000

## （二）有关“拨出经费——拨出专项经费”的会计核算

案例解析

【例 7－30】 某行政单位将收到上级拨给的自然灾害救济款 60 000 元，其中 20 000 元通过银行转拨给下属单位。其会计分录如下：

借：银行存款 60 000

　　贷：拨入经费——拨入专项经费 60 000

借：拨出经费——拨出专项经费 20 000

　　贷：银行存款 20 000

【例 7－31】 某行政单位收到下属单位列报的实际支出的自然灾害救济款共计 17 800 元，余款 2 200 已收回存入银行。会计分录如下：

借：银行存款 2 200

　　贷：拨出经费——拨出专项经费 2 200

【例 7－32】 年终，将“拨出经费——拨出专项经费”科目的借方余额 5 600 元转入“结余——专项结余”。会计分录如下：

借：结余——专项结余 5 600

　　贷：拨出经费——拨出专项经费 5 600

# 第四节 结转自筹基建

## 一、结转自筹基建的概念

结转自筹基建，是指行政单位经批准用拨入经费以外的资金安排基本建设，其所筹集并转存建设银行的资金。行政单位对自筹基建支出的管理原则主要是：专款专用，专项核算，从严控制自筹基本建设支出，不得用财政预算拨款安排基本建设支出，对确需用预算外资金和其他收入安排的，也要严格控制，严格审批程序，未经批准，不得使用。批准后的自筹基本建设资金，应纳入基本建设财务管理，由基本建设会计组织会计核算。

## 二、结转自筹基建的会计核算

行政单位应设置“结转自筹基建”科目，用于核算行政单位经批准用拨入经费拨款以外的资金安排基本建设，其所筹集并转存建设银行的资金。本科目借方登记自筹的基本建设资金转存建设银行的金额；贷方登记年终转入“结余”科目的金额，结转后，本科目年终无余额。将自筹的基本建设资金转存建设银行时，根据转存数借记本科目，贷记“银行存款”科目。基本建设项目完工后剩余资金收回时，做相反的会计分录。年终结账时，应将本科目借方余额全数转入“结余”科目，借记“结余”，贷记本科目。具体会计处理如图 7－8 所示。

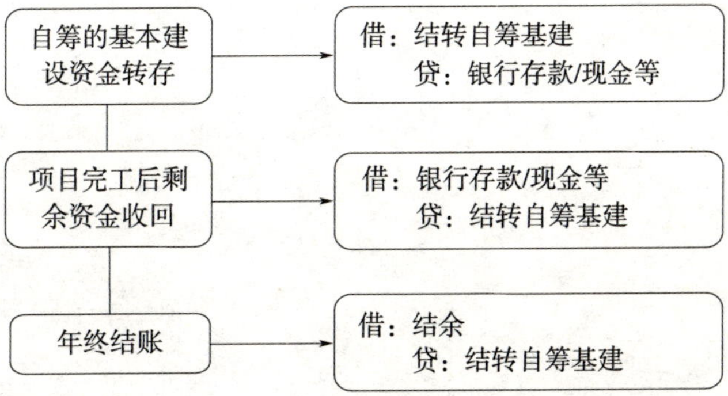


**图 7－8 “结转自筹基建”的会计处理**

**案例解析**

【例7－33】　某行政单位发生如下业务。

（1）将自筹基建资金8 000 000元转存建设银行。其会计分录为：

借：结转自筹基建　　8 000 000

　　贷：银行存款　　8 000 000

（2）年终，假定“结转自筹基建”账户借方余额900 000元转入“结余”账户。其会计分录为：

借：结余　　900 000

　　贷：结转自筹基建　　900 000

# 第八章　行政单位会计报表

## 全 章 纵 览

本章主要介绍行政单位会计报表的主要内容，通过本章相关知识的学习，应掌握以下方面的内容：

1. 理解会计报表的概念、作用，掌握会计报表的编制要求，了解会计报表的种类。

2. 理解并掌握年终清理的主要内容，年终结账的程序和方法。

3. 掌握资产负债表、收入支出总表、支出明细表的编制，了解专项资金支出表、基本数字表、报表说明书的主要内容，理解会计报表的审核和汇总的主要内容。

4. 理解会计报表分析的内容，掌握会计报表分析的方法。

## 第一节　行政单位会计报表概述

### 一、会计报表的概念和作用

行政单位会计报表是反映行政单位财务状况和预算执行结果的书面文件，由会计报表和报表说明书组成。

行政单位会计报表，是根据日常核算资料，通过整理、汇总而编制的用以反映会计主体一定时期的财务状况和预算执行结果的书面文件，综合、系统、全面地反映了行政单位预算收支活动的情况。定期编制会计报表的作用在于：

(1) 各单位利用会计报表及其他有关资料，可以分析和检查单位预算的执行情况，发现预算管理和财务管理工作中存在的问题，以便采取有效措施，改进预算管理工作，提高财务管理水平。

（2）各级主管部门利用下级单位的会计报表，可以考核各单位执行国家有关方针政策的情况，督促各单位认真遵守财经制度与法规，维护财经纪律。主管部门对全部会计报表汇总后，还可以分析和检查预算执行情况，提高预算管理工作水平。

（3）财政机关利用行政单位上报的会计报表，便于掌握各单位的预算执行进度，正确地核算预算支出，还可以了解各单位执行预算的情况和存在的问题，指导和帮助各单位做好预算会计工作，提高预算管理质量。

## 二、会计报表的编制要求

会计报表要发挥作用，必须符合真实性、完整性和及时性等质量要求，行政单位编制和提交会计报表应做到以下几点，具体内容如表 8－1 所示。

**表 8－1　行政单位会计报表的编制要求**

| 编制要求 | 具体内容 |
| --- | --- |
| 数字准确 | 行政单位应根据登记完整、核对无误的账簿记录和其他有关资料编制会计报表，切实做到账表相符，不得估列代编，更不得弄虚作假，伪造会计数据 |
| 内容完整 | 行政单位应按照统一规定的报表种类、格式和内容编报，不得漏报。各级主管单位可以根据本系统内的特殊情况和特殊要求，规定增加一些报表和项目，但不得影响国家统一报表和报表项目的编报 |
| 报送及时 | 会计报表必须按照国家或上级机关规定的期限和程序，及时编制，及时报送。财政部门和上级主管部门对于屡催不报报表的单位，有权暂停其预算拨款 |
| 手续齐备 | 行政单位的会计主管人员和单位负责人对会计报表的准确、完整和及时报送共同负有责任，会计报表必须经会计主管人员和单位负责人审阅签章并加盖公章后上报 |

## 三、会计报表的种类

为了更好地编制行政单位会计报表，以及对会计报表进行分析，可将会计报表按会计报表的内容形式、编报时间和编报层次进行分类。具体分类如表 8－2 所示。

**表 8－2 行政单位会计报表的种类**

| 分类标准 | 会计报表 | 主要内容 |
| --- | --- | --- |
| 按照内容和形式分类 | 资产负债表 | 资产负债表是反映行政单位在某一特定日期财务状况的报表。资产负债表的项目应当按照会计要素的类别分别列示 |
| | 收入支出总表 | 收入支出总表是反映行政单位年度收支总规模的报表。收入支出总表按照单位实有各项收支项目汇总列示 |
| | 支出明细表 | 支出明细表是反映行政单位在一定时期内预算执行情况的报表。支出明细表的项目应当按照《国家预算支出科目》列示。对于用财政拨款和预算外资金收入安排的支出应按照支出的用途分别列示 |
| | 附表 | 附表是根据财政部门或主管会计单位的要求编报的补充性报表，如基本数字表。附表按财政部门和上级单位规定的项目列示 |
| | 报表说明书 | 报表说明书包括报表编制技术说明和报表分析说明。报表技术说明主要包括：采用的主要会计处理方法，特殊事项的会计处理方法，会计处理方法的变更情况、变更原因以及对收支情况和结果的影响等。报表分析说明一般包括：基本情况，影响预算执行、资金活动的原因，经费支出、资金活动的趋势，管理中存在的问题和改进措施，对上级会计单位工作的意见和建议 |
| 按照编报时间分类 | 月报 | 月报是反映行政单位截至报告月度资金活动和经费收支情况的报表。月报要求编报资产负债表、支出明细表 |
| | 季报 | 季报是分析、检查行政单位季度资金活动情况和经费收支情况的报表，应在月报的基础上较详细地反映单位经费收支的全貌。各行政单位的季报要求在月报的基础上加报基本数字表 |
| | 年报 | 年报（年度决算）是全面反映年度资金活动和经费收支执行结果的报表。年度决算报表种类和要求等按照财政部门和上级单位下达的有关决算编审规定组织执行 |
| 按编报层次分类 | 本级报表 | 本级报表是反映各单位预算执行情况和资金活动情况的报表 |
| | 汇总报表 | 汇总报表是各主管部门和二级单位对本单位和所属单位的报表进行汇总后编制的报表。基层会计单位只编制本级会计报表，二级单位和主管会计单位要先编制本级会计报表，然后再编制汇总会计报表 |

# 第二节　年终清理结算和结账

在编制决算报表前，行政单位要进行年终清理和结账。年终清理和结账是编制年度决算的一个重要环节。行政单位在年度终了前，应根据财政部门或主管部门的决算编审工作要求，对各项收支账目、往来款项、货币资金和财产物资进行全面的清理结算，并在此基础上办理年度结账编报决算。

## 一、年终清理

年终清理是对行政单位全年预算资金收支、其他资金收支活动进行全面的清查、核对、整理和结算工作。对任何一个单位来说，年终清理都包括对本单位财产全面清理及会计、财务活动的总清理。具体内容如图 8－1 所示。

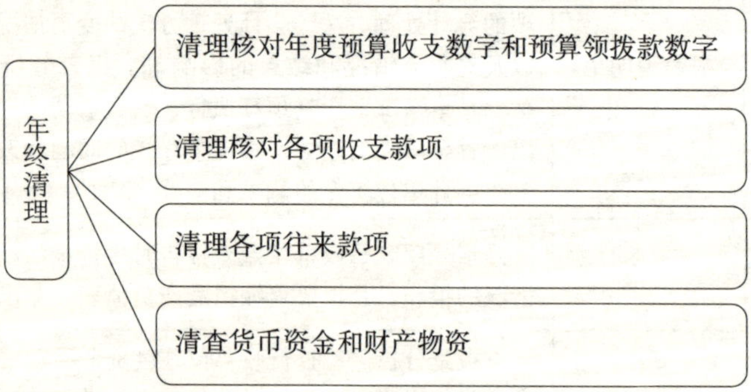


**图 8－1　年终清理项目**

年终清理的包括以下主要内容。

**1. 清理核对年度预算收支数字和预算领拨款数字**

年终前，财政机关、上级单位和所属各单位之间，应当认真清理核对全年预算数字。同时，要逐笔清理核对上、下级之间预算拨款和预算缴款数字，按核定的预算或调整的预算，该拨付的拨付，该交回的交回，保证上、下级之间的年度预算数、领拨经费数和上交、下拨数一致。

为了保证会计年度按照公历的年度划期，凡属本年的应拨、应交款项，必须在 12 月 5 日前汇达对方。主管会计单位对所属各单位的预算拨款，到 12 月 25 日为止，逾期一般不再下拨。凡是预拨下年度的款项，应注明款项所属年度，以免造成跨年错账。

**2. 清理核对各项收支款项**

凡属本年的各项收入，都要及时入账。本年的各项应缴预算收入和应上缴上级的款项，要在年终前全部上缴。属于本年的各项支出，要按规定的支出渠道如实列报。年度单位支出决算，一律以基层用款单位到 12 月 31 日为止的本年实际支出数为准，不得将年终前预拨下一年的预算拨款列入本年的支出，也不得以上级会计单位的拨款数代替基层会计单位的实际支出数。

**3. 清理各项往来款项**

对单位的各种暂存、暂付等往来款项，要按照“严格控制，及时结算”的原则，分类清理。对各项应收款和应付款，原则上不宜跨年度挂账，做到人欠收回，欠人归还；对外单位委托代办业务，凡托办业务已结束的，要及时向委托单位清算结报，委托单位不得以拨代支，受托单位不得以领代报。应转为各项收入和应列支出的往来款项，要及时转入有关收支账户，编入本年决算。对没有合法手续的各种往来款项，要查明原因采取措施，该追回的追回，该退还的退还。

**4. 清查货币资金和财产物资**

年终要及时同开户银行对账。银行存款账面余额要同银行对账单的余额核对相符；现金的账面余额要同库存现金核对相符；有价证券账面余额要同实存的有价证券核对相符。各种财产物资年终都必须全部入账，各单位应配备专人对全部财产物资进行全面的清查盘点。固定资产和材料的盘点结果和账面数如有差异，在年终结账前应查明原因，并按规定作出处理，调整账务，做到账账、账实相符。

## 二、年终结账

行政单位在年终清理结算的基础上进行年终结账。年终结账工作，一般分为年终转账、结清旧账和记入新账三个环节，如图 8－2 所示。

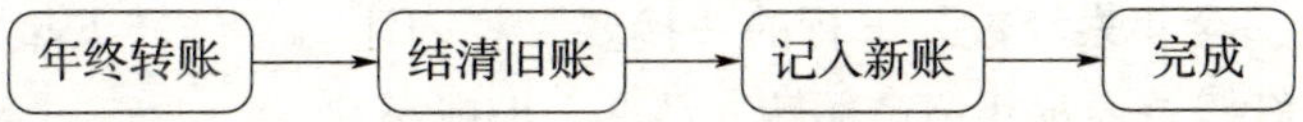


**图 8－2　年终结账的程序**

**1. 年终转账**

账目核对无误后，首先计算出各账户借方或贷方的 12 月份合计数和全年累计数，结出 12 月末的余额。然后，根据 12 月末的余额编制结账前的资产负债表，经试算平衡无误后，再将应对冲结转的各个收支账户的余额按年终冲转办法，填制12月31日的记账凭证办理冲账结转。

案例解析

【例8-1】 某行政单位年终结账时各收支账户余额如下：

| | |
|---|---|
| 拨入经费 | 6 000 000（贷） |
| 预算外资金收入 | 500 000（贷） |
| 其他收入 | 300 000（贷） |
| 经费支出 | 1 800 000（借） |
| 拨出经费 | 2 100 000（借） |
| 结转自筹基建 | 240 000（借） |

年终结账的程序如下。

（1）将“拨入经费”、“预算外资金收入”和“其他收入”账户的贷方余额转入“结余”账户的贷方。其会计分录为：

| | | |
|---|---|---|
| 借；投入经费 | 6 000 000 | |
| 　　预算外资金收入 | 500 000 | |
| 　　其他收入 | 300 000 | |
| 　　贷：结余 | | 6 800 000 |

（2）将“经费支出”、“拨出经费”和“结转自筹基建”账户的借方余额转入“结余”账户的借方。其会计分录为：

| | | |
|---|---|---|
| 借：结余 | 4 140 000 | |
| 　　贷：经费支出 | | 1 800 000 |
| 　　　　拨出经费 | | 2 100 000 |
| 　　　　结转自筹基建 | | 240 000 |

2. 结清旧账

将结转后无余额的账户计算出全年总累计数，然后在下面划通栏双红线，表示本账户全部结清；对年终有余额的账户，如“现金”、“固定资产”、“结余”等，在“全年累计数”下行的“摘要”栏内注明“结转下年”字样，再在下面划双红线，表示年终余额转入新账，旧账结束。

3. 记入新账

根据本年度各个总账、明细账和日记账的账户余额，编制年终决算结账的资产负债表和有关明细表。将表中各账户的年终余额数（不编制记账凭证），直接记入新年度总账、明细账和日记账各账户预留空行的余额栏内，并在“摘要”栏注明“上年结余”字样，以区别新年度的发生数。

单位决算经财政部门或上级单位审核批复后，调整上报决算数字时，还应当调整旧账，重新办理结账和过入新账手续。

年终清理和年终结账完毕，即可编制年终决算报表。年终决算报表的种类和要求，按照财政部门和上级下达的有关决算编审规定组织执行，行政单位需要编报的年报通常有资产负债表、收入支出总表、支出明细表、基本数字表以及报表说明书。

## 第三节 会计报表的编制

### 一、资产负债表

资产负债表是反映行政单位在某一特定日期财务状况的报表。资产负债表主要反映行政单位在某一特定日期所掌握的财产情况、负债情况及资金供给者供给资金的构成情况等。通过资产负债表，行政单位的资金供给者及单位主管人员可以全面了解行政单位资产的总量及分布情况，负债及各项资金来源的供给情况，从而判断行政单位提供服务能力的大小，为未来资金供应提供决策依据。

资产负债表的格式有两种基本类型，即账户式与垂直式。按照我国惯例，行政单位与企业一样，采用账户式资产负债表，即分左、右两方。左方是资产类的项目，右方是负债类和基金类的项目，左右两方金额合计数保持平衡。具体格式如表 8 - 3 所示。

资产负债表项目，按会计要素的类别分别列示，表内各项目均按期末余额数字填列。具体填列方法如下。

（1）“年初数”，按上年决算后结转本年的各账户期初数填列。“期末数”，应根据不同时间报出的资产负债表区别对待。若是月报，则按截至报告月份止各总账账户的期末余额填列；若是年报，则按年末转账后各总账账户的年末余额填列。

（2）主管单位汇总本表时，必须把本级会计报表与所属单位会计报表之间的重复数字，即本单位“拨出经费”与所属单位报表内的“拨入经费”账户所列数互相抵销。其余账户都根据本级和所属单位的报表数直接相加汇编。

表 8－3　资产负债表

编制单位：　　　　　　　　年　月　日　　　　　　　　单位：元

| 资产 | 期初数 | 期末数 | 负债和基金 | 期初数 | 期末数 |
| --- | --- | --- | --- | --- | --- |
| | | | 负债 | | |
| 预算额度 | | | 暂存款 | | |
| 零余额账户用款额度 | | | 应缴预算款 | | |
| 现金 | | | 应缴财政专户款 | | |
| 银行存款 | | | 负债合计 | | |
| 有价证券 | | | 基金 | | |
| 暂付款 | | | 普通基金 | | |
| 库存材料 | | | 固定基金 | | |
| 工程物资 | | | 项目结存 | | |
| 固定资产 | | | 基建结存基金合计 | | |
| 资产合计 | | | 负债和基金合计 | | |

## 二、收入支出总表

行政单位的收入支出总表是反映行政单位年度收支总规模和结余情况的动态报表，由表首和正表组成。表首由表名、编制单位、编制日期和表内金额单位组成。

正表分为收入、支出和结余三部分。收入项目包括拨入经费、预算外资金收入和其他收入；支出项目包括拨出经费、经费支出和结转自筹基建；结余包括结转当年结余和以前年度结余。收入项目和支出项目都设有“本月数”和“本年累计数”两栏，应根据有关收入、支出账户的“本月合计数”和“本年累计数”填列。具体格式如表 8－4 所示。

表 8－4　收入支出总表

编制单位：　　　　　　　　年　月　日　　　　　　　　单位：元

| 收入 | | | 支出 | | | 结余 |
| --- | --- | --- | --- | --- | --- | --- |
| 项目 | 本月数 | 本年累计数 | 项目 | 本月数 | 本年累计数 | |
| 拨入经费 | | | 拨出经费 | | | 结转当年结余 |
| 其中：专项经费 | | | 经费支出 | | | 其中：专项结余 |
| 预算外资金收入 | | | 其中：经常性支出 | | | 以前年度结余 |
| 其中：专项经费 | | | 专项支出 | | | |
| 其他收入 | | | | | | |
| | | | 结转自筹基建 | | | |
| 收入总计 | | | 支出总计 | | | 累计结余 |

编制收入支出总表时应注意三点：一是本表应根据收入明细账、支出明细账本月合计数和本年累计数汇总填列，即按实有各项收支项目汇总列表；二是本表中的专项经费、专项支出以及专项结余应单独列示；三是主管单位汇总编制本表时，应将拨出经费与所属单位拨入经费汇总数对冲。

## 三、支出明细表

支出明细表是反映行政单位在一定时期内预算执行情况的报表。它是上级主管部门或财政部门考核行政单位支出发生情况的依据，也是行政单位向上级主管部门或财政部门办理支出核销的依据。

支出明细表的项目应当按照《国家预算支出科目》列示。支出明细表是详细反映行政单位截至报告月底的各项预算支出情况的报表，也是考核行政单位预算执行情况的报表。通过支出明细表，可以了解掌握行政单位各项支出的具体用途和支出水平，便于分析支出的合理性，控制不合理的开支；便于掌握和控制预算执行情况。

支出明细表包括表首、正表两部分。表首由表名、编制单位、编制日期和表内金额单位组成。

正表以经费支出的大类项目分列，分为经常性支出和专项支出，并且要求每项列出其中的“财政拨款支出数”和“预算外资金支出数”，即用财政拨款形成的支出和用预算外资金形成的支出。在预算内外资金统一运用的情况下，列报各项数字是有一定难度的，应首先编好预算，将预算细化，在此基础上用分析和统计的方法填列各项数字。支出明细表以“日”级科目为列，即有基本工资、补助工资、其他工资、职工福利费、社会保障费、助学金、公务费、购置费、修缮费、业务费及其他费用11个明细支出项目。具体格式如表8－5所示。

**表8－5 经费支出明细表**

编表单位： 年 月 日 单位：元

| 项 目 | 合计 | 基本工资 | 补助工资 | 其他工资 | 职工福利费 | 社会保障费 | 助学金 | 公务费 | 设备购置费 | 修缮费 | 业务费 | 其他费用 | 备注 |
|---|---|---|---|---|---|---|---|---|---|---|---|---|---|
| 列次 | | | | | | | | | | | | | |
| 经费支出 | | | | | | | | | | | | | |
| 经常性支出 | | | | | | | | | | | | | |
| 其中：财政拨款支出 | | | | | | | | | | | | | |
| 预算外资金支出 | | | | | | | | | | | | | |
| 专项支出 | | | | | | | | | | | | | |
| 其中：财政拨款支出 | | | | | | | | | | | | | |
| 预算外资金支出 | | | | | | | | | | | | | |

在编制支出明细表时应注意以下三点：

（1）对于财政拨款和预算外资金收入安排的支出应按支出的用途分别列示。行政单位根据核定的预算和实际使用情况采用统计方法填列“财政拨款支出”和“预算外资金支出”项目。

（2）对于财政拨款和预算外资金收入安排的支出应按支出的用途分别列示。行政单位根据核定的预算和实际使用情况采用统计方法填列“财政拨款支出”和“预算外资金支出”项目。

（3）本表的实际支出数合计，应与相应资产负债表中的“经费支出”项目期末数额一致。

## 四、专项资金支出情况表

专项资金支出明细表是反映行政单位一定时期内专项资金支出明细情况的报表，包括专项会议支出明细表、专项设备购置支出明细表、专项修缮支出明细表、专项业务支出明细表等。通过专项资金支出情况表，可以了解和掌握行政单位对专项经费是否做到了“专款专用”，项目开支是否合理。行政单位应定期编制专项资金支出情况表，以满足拨入方和使用方的需要。

专项资金支出情况表包括表首、正表两部分。表首也由表名、编制单位、编制日期和表内金额单位组成。正表以各个专项分列，包括期初结转、本年拨入、本年已完成项目支出、本年缴回、转入结余和期末结余。

专项资金支出情况表的格式如表8－6所示。

**表8－6　专项资金支出情况表**

编制单位：　　　　　　　　年　月　日　　　　　　　　金额单位：元

| 项　目 | 专项 | 专项 | 专项 |
|---|---|---|---|
| 一、期初结转 | | | |
| 二、本年拨入 | | | |
| 三、本年已完成项目支出 | | | |
| 四、本年缴回 | | | |
| 五、转入结余 | | | |
| 六、期末结余 | | | |

专项资金支出情况表中的“期初结转”项目是根据“结余——专项结余”科目的上年末未完成专项项目资金并结转下年继续使用的数额填列；“本年拨入”根据财政部门或上级单位当年拨入的专项资金“拨入经费——拨入专项经费”数额填列；“本年已完成项目支出”根据本年度完工项目的支出数填列；“本年缴回”根据本年实际缴回原拨款单位的数额填列；“转入结余”

根据已完工项目结余经批准归本单位使用并已实际结转的数额填列；“期末结余”根据单位未完成项目资金并结转下年继续使用的数额填列。

## 五、基本数字表

基本数字表是反映单位定员定额执行情况的报表。基本数字表是财政部门或上级单位考核单位定员定额、开支标准以及掌握预算拨款情况的重要依据。本表是补充性报表，即附表。基本数字表的项目按财政部门和上级主管部门规定的项目列示，主要包括职工人数、工资数额等项目，同时，根据统计资料按年初数、期末数和全年累计数分别填列各项目。

## 六、报表说明书

报表说明书是对会计报表的一种补充说明。行政单位在报送月报、季报、年报时都必须编写报表说明书，包括报表编制技术说明和报表分析说明。报表技术说明主要包括：采用的主要会计处理方法，特殊事项的会计处理方法，会计处理方法的变更情况、变更原因，以及对预算收支情况和结果的影响等。报表分析说明应根据会计报表分析的结果，填写表格中不能直接反映的分析性文字、说明。一般包括：影响预算执行、资金活动的原因，经费支出、资金活动的趋势，管理中存在的问题和改进措施，对上级会计单位工作的意见和建议等。

## 七、会计报表的审核和汇总

### （一）会计报表的审核

行政单位对已编好的会计报表应认真审核后上报，上级部门对所属单位会计报表应认真审核，然后汇总。会计报表的审核包括技术性审核和政策性审核两个方面。

#### 1. 技术性审核

主要审核会计报表的数字是否正确，表内有关项目是否完整，有关数字之间的勾稽关系是否正确，有无漏报和错报的情况，会计报表的报送是否及时等。在审核合计报表时，应注意审核以下四方面的数字关系。

(1) 上下年度有关数字的一致性。如资产负债表、基本数字表、经费拨款收支明细表等的年初数和上年年末数是否一致。

（2）审核上下级单位之间的上缴、下拨数是否一致。如上级单位的经费拨款支出和下级单位的经费拨款收入是否一致；上级单位的专项资金支出和下级单位的拨入专项资金是否一致等。

（3）审核会计报表中的有关数字和业务部门提供的数字是否一致。

（4）审核会计报表之间的有关数字是否一致。如资产负债表中的固定资产年末数要与固定资产统计表（附表）数字相核对等。

**2. 政策性审核**

主要审核会计报表中反映的各项资金收支是否符合政策、制度，有无违反财经纪律的现象。具体内容如图 8－3 所示。

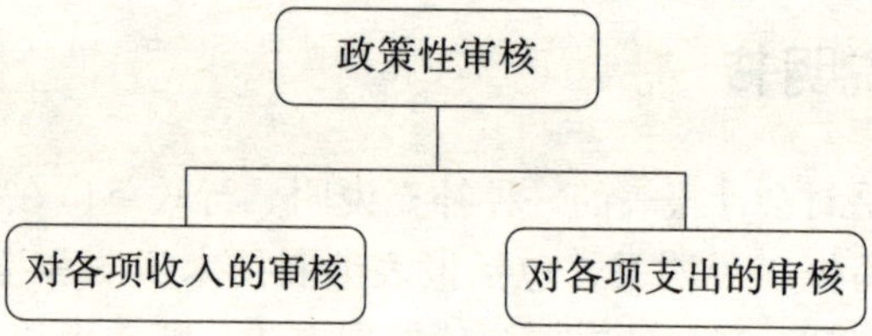


**图 8－3 政策性审核的内容**

（1）对各项收入的审核。应着重审查各项收入是否符合政策性规定，预算资金的取得是否符合预算和用款计划，其他收入的收费标准是否符合有关规定，应缴预算款是否及时、足额上缴，有没有截留挪用等。

（2）对各项支出的审核。着重审查各项支出是否按预算和计划执行，有没有违反国家统一规定的开支范围和开支标准以及其他财务制度的规定，有没有将预算外支出挤入预算内报销，是否存在乱拉资金、乱上计划外项目、盲目扩大基本建设规模的问题等。

通过以上各种审核后，将审核无误的会计报表进行汇总，编制本系统或二级会计单位的汇总会计报表。

## （二）会计报表的汇总

主管会计单位和二级会计单位，为了反映全系统的预算执行情况和财务状况，应对经审核过的所属单位的会计报表及本单位的会计报表进行汇总，编制汇总会计报表。汇总会计报表的种类、格式与基层单位会计报表相同。一般是将相同报表的相同项目加计总数后，汇总填列，对于个别指标需要进行调整，才能填列。

（1）上级单位的“拨出经费”与下级单位的“拨入经费”的数额相互抵

减，抵减后汇总到会计报表中。正常情况下，上级单位“拨出经费”数额，应与其所属单位“拨入经费”数额之和相等。在编制汇总会计报表时，相互抵消。

(2) 当上级单位应收下级单位的款项时，上级单位的暂付款中的应收下级款项应与下级单位暂存款中的应付上级款相互抵销；同样，当存在上级单位应付下级单位款项时，上级单位暂存款中的应付下级款应与下级单位的暂付款中的应收上级款相互抵销。

(3) 各类报表，除上述需要调整的项目之外，汇总方法基本上是相同项目加计总和，编成汇总表。

各主管会计单位进行会计报表审核和汇总时，应遵循“先审后汇”的原则。汇总会计报表，不能先汇后审，更不能只汇不审，不得重汇或漏汇。要按有关的期限及时向上级或财政部门报送。

## 第四节 会计报表分析

会计报表分析是对会计报表所提供的数据进行加工、分解、比较和解释的过程，是会计记账和编制报表的继续，是行政单位会计报表说明书的主要内容之一。

行政单位会计报表是会计人员在日常会计核算的基础上编制而成的。通过行政单位的会计报表可在一定程度上反映单位在一定时期预算执行的结果和财务收支的状况，但由于预算收支错综复杂，涉及报告期内全部业务活动，会计报表数字还不能具体地说明核算执行结果的好坏及其形成原因。为了进一步弄清预算在执行中超支或结余的具体情况和原因，以肯定成绩、找出差距、揭露矛盾、改进工作，需要对会计报表的数字资料，各项指标内在因素的相互关系进行全面分析研究，总结经验教训，寻求进一步增收节支和提高资金使用效益的有效途径，从而不断地提高预算管理水平。

### 一、会计报表分析的内容

会计报表分析的内容包括预算执行、开支水平、人员增减、固定资产利用等，具体内容如表 8 - 7 所示。

**表 8－7　会计报表分析的内容**

| 分析项目 | 分析内容 |
| --- | --- |
| 预算执行情况分析 | 主要是分析预算执行进度与工作任务完成的进度是否一致；分析比较预算收支数的完成进度；本期实际收支数与以前各期相比有无特殊变化及其变化的原因 |
| 开支水平分析 | 开支水平分析主要分析各种支出是否按进度进行，是否按规定的用途、标准使用，开支水平和支出结构是否合理；定额执行情况，通过与前期、与同类型单位相比、分析，找出差距及形成原因 |
| 人员增减情况分析 | 主要分析人员是否控制在国家核定的编制内，有无超编现象及超编原因，各类人员配备及其结构是否合理；人员数量和结构变化情况及其原因，人员增减变化对支出的影响及影响程度 |
| 固定资产利用情况分析 | 主要分析固定资产的增减变化及其资金来源是否正当、合理，新增固定资产中各类固定资产所占比重是否合理，是否优先安排了业务急需的固定资产；减少的固定资产是否合理，有无合法手续。现有固定资产利用状况如何，有无长期闲置积压现象 |

## 二、会计报表分析的方法

会计报表分析的方法有比较分析法、结构分析法、因素分析法等。其中，比较普遍的是比较分析法和结构分析法。本节主要介绍比较分析法在行政单位会计报表分析中的运用，其具体流程如图 8－4 所示。

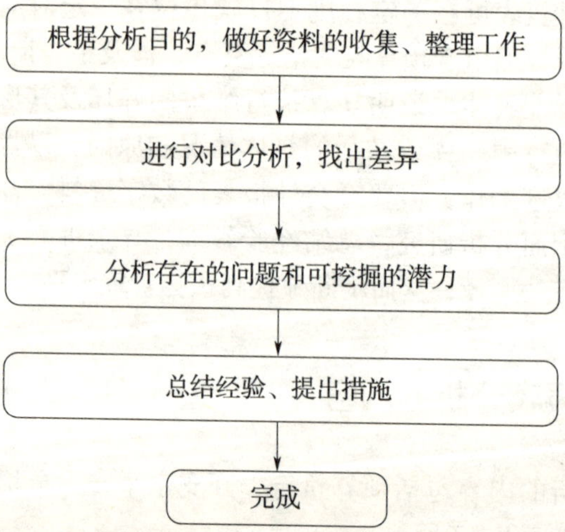


**图 8－4　比较分析法的步骤**

**1. 根据分析目的，做好资料的收集、整理工作**

行政单位的会计报表服务于众多的使用者，比如本单位管理人员、上级主管单位管理人员以及财政部门等，因此，会计报表具有多目的性。对一个具体使用者来说，他必须根据自己的需要，确定分析目的，并根据分析目的，收集整理资料，分析会计报表。

行政单位会计报表分析一般采用比较分析法，用于比较的参照物可以有预算（计划）数、上期数、历史最好数、其他单位同类指标数。这就要求具体分析前，根据分析目的收集需要的相关信息。比较分析法要求对比的指标之间应具备可比性，分析前，必须对收集的资料进行必要的调整，统一口径。

**2. 进行对比分析，找出差异**

比较分析法比较的既可以是绝对数，也可以是相对数。若是前者，则分析得出的是金额变动数；若是后者，则分析得出的是比例变动数，通过研究这些变动数，可以发现对比数据之间的差异，从而发现存在的问题和可挖掘的潜力。

**3. 分析存在的问题和可挖掘的潜力**

对比数据之间的差异表现为好的差异和不好的差异。前者说明可通过挖掘潜力降低支出或增加收入，后者则表现为存在的问题。差异的产生不外乎有两个原因：单位内部原因和宏观环境变动。通过分析这两方面就可以得出差异产生的原因所在，从而可以进一步挖掘潜力，扩大好的差异，或者解决问题，消除不好的差异。

**4. 总结经验、提出措施**

分析差异的最终目的是为了完善体制。最后，应总结经验，提出改善措施，为进一步挖掘潜力和解决问题提供体制保障。